Ulrike Halbe-Bauer

Margarete Steiff

»Ich gebe, was ich kann«

Biografischer Roman

BRUNNEN
Verlag GmbH · Giessen

*Gewidmet den Kindern des Petö-Vereins »FortSchritt Freiburg e.V.«,
die in ihren Sommerkursen das Unmögliche möglich machen
(www.bundesverband-fortschritt.de).*

6. Auflage 2020

© 2007 Ulrike Halbe-Bauer
www.brunnen-verlag.de
Lektorat: Eva-Maria Busch
Umschlagbild: dpa, Frankfurt
Umschlaggestaltung: Ralf Simon
Satz: DTP Brunnen
Druck: BOD
ISBN 978-3-7655-4217-6

Inhalt

Das Fieber   5

Sommertage   15

Die Reise nach Ludwigsburg   28

Spaziergang im Park   37

Die Operation   42

Wieder daheim   54

Das erste selbst verdiente Geld   71

Die Filzmanufaktur   88

Neue Zeiten, neue Wege   106

Auf sich selbst gestellt   120

Ein Elefant aus Filz   134

Ein Bär erobert die Welt   152

Abschied   168

Das Fieber

1848

»Kind, was ist denn nur los mit dir?« Langsam machte die Mutter sich wirklich Sorgen. Heute Morgen hatte sie die kleine Margarete im Bett gelassen, weil sie so schlapp wirkte, gar nicht wach werden wollte und sich ein bisschen heiß anfühlte. Sollte sie schlafen und das Fieber ausschwitzen! Aber jetzt war das Kind glühend heiß. Als sie ihm die Hand auf die Stirn legte, begann es zu wimmern.

»Schscht. Ruhig, ganz ruhig. Komm, Gretle, trink.«

Nur mit Mühe konnte sie dem Kind ein wenig Tee einflößen, den sie mit Kamillenblüten gekocht hatte. Kurz darauf spuckte die Kleine alles wieder aus. Und nun fing sie an, am ganzen Körper zu zucken und mit den Zähnen zu knirschen. Dazu schwitzte sie ungeheuerlich. Sie würde dem Mädchen ein trockenes Hemd anziehen, frische Laken ins Bett legen. Und Windeln brauchte das Kind, das war nicht zu übersehen. Offensichtlich konnte es nichts bei sich behalten. Als die Mutter Margarete das Hemd abstreifen wollte, begann das Mädchen zu schreien, was in ein Wimmern überging, bei jeder Berührung aber wieder panisch anschwoll.

Da meldete sich auch der kleine Friedrich fordernd in seiner Wiege. Maria Margarete Steiff wandte sich vom Bett der Tochter ab und nahm den Säugling hoch, um ihn zu stillen. Aber auch er war unruhig, spuckte die Hälfte wieder aus und schrie noch eine ganze Zeit, bis seine Mutter ihn mit in die Küche nahm, wo Pauline ihm etwas vorsang.

Am Abend war das Fieber bei Margarete noch höher gestiegen. Unter heftigem Gebrüll wurden ihr kalte Wadenwickel angelegt. An Schlaf war nicht zu denken.

Die Mutter lag nachts in ihrem Bett und verbot sich den Gedanken an das, was passieren könnte. Wenn die Krankheit sich ausbreitete ... Der Säugling, die beiden großen Mädchen ... Nein! Das durfte Gott ihr nicht antun. Er hatte ihr schon genug genommen. Dieses Kind musste er ihr lassen! Sie war so ein kluges Mädchen. Verstand fast alles, was man ihr sagte und plapperte ständig. Begann auch schon zu laufen. Vor drei Tagen hatte Gretle zum ersten Mal die Hand der vierjährigen Marie losgelassen und – noch ein wenig wacklig, aber mit ziemlicher Geschwindigkeit – das Zimmer durchquert, bis sie sich am Stuhl wieder festhalten konnte. Beim zweiten Mal war sie hingefallen, ziemlich hart aufgeschlagen, hatte aber nicht geheult, sondern sich nur den Kopf gerieben. Dann war sie entschlossen bis zum Stuhl gerutscht, um sich daran hochzuziehen. Und sie hatte so gestrahlt! Sollte dieses kleine Leben jetzt schon ein Ende haben? Bitte, Herr, erbarme dich! Dieses nicht!

Quälend langsam verging die Nacht. Ein paar Mal fiel Maria Margarete in einen leichten Schlaf, aus dem sie aufschreckte, wenn vom Kinderbett erneutes Stöhnen zu hören war. Den kleinen Fritz hatte sie neben sich liegen, um ihn beim leisesten Geräusch hochnehmen zu können. Der Vater brauchte schließlich seinen Schlaf.

Im Morgengrauen stand sie noch vor ihm auf, verbrannte sich die Finger, als sie den Zunder in den Herd warf – warum wollte der denn heute einfach nicht ziehen? Endlich erfasste das Feuer die Holzscheite, sie blies noch ein wenig, dann konnte sie den Mehlbrei aufsetzen, für ihren Mann Malzkaffee kochen und ihm ein Butterbrot schmieren. Murrend erschien er mit der Wasserkanne, die leer neben der Waschschüssel gestanden hatte, in der Küche. Ach ja, die hatte sie gestern Abend in der Aufregung zu füllen vergessen.

Als er sich für den Tag verabschiedete, ihr beruhigend über die Schulter strich, musste sie sich zusammennehmen, um nicht loszuheulen. Aber sie sagte nichts. Das würde nichts helfen und es ihm nur schwerer machen.

Am zweiten Tag sank das Fieber schon wieder – Gott sei Dank! Aber vorsichtshalber schickte Maria Margarete Steiff die beiden größeren Mädchen zu den Großeltern nebenan. Marie war verständig genug, auf die kleine Pauline aufzupassen, dass sie nicht in die Brenz fiel oder unter ein Fuhrwerk geriet.

Das Kind im Bettchen blieb matt. Die Mutter ging ihrer Arbeit nach, unterbrach sie aber häufig. Sie hatte einfach keine Ruhe. Immer wieder schaute sie nach den Kindern. Fritz blieb gesund. Er lag in der Wiege, schlief, trank und schrie, wenn er nass oder hungrig war.

Margarete schlief fast den ganzen Tag. Füße und Hände fühlten sich trotz dicker Wollsocken und Decken kalt an. Sie aß nur mit Mühe, behielt jedoch wieder alles bei sich. Auch der Durchfall legte sich.

Nach ein paar Tagen versuchte die Mutter das Mädchen im Bett aufzusetzen, aber es fiel kraftlos zurück. Schlaff hingen Beine und Arme an dem kleinen Körper herunter. Mit jedem Tag wurde es den Eltern unheimlicher. Margarete sah längst wieder gesund aus, ließ sich füttern, plapperte drauflos. Das konnte doch nicht mehr die Fieberschwäche sein.

»Morgen gehst du mit ihr ins Spital«, entschied der Vater.

Dort musste Maria Margarete Steiff lange auf einem kalten Flur warten, bevor sie in einen Behandlungsraum gerufen wurde. Der junge Arzt schaute bedenklich, betastete den Körper, streckte und beugte die Gliedmaßen des Kindes. Margarete bekam einen ganz roten Kopf, so sehr strengte sie sich an, Beine und Arme zu bewegen. Sie konnte diese mit seiner Unterstützung ein wenig hochziehen, aber nicht wieder strecken. Nur im linken Arm schien sie etwas mehr

Kraft zu haben, und als der Arzt ihr einen Finger vor die Hand hielt, griff sie zögerlich danach.

»Offensichtlich eine Lähmung. Immerhin, sie scheint nicht endgültig. Zumindest der linke Arm lässt sich kräftigen. Aber woher die Lähmung rührt, ob von dem Fieber oder ob sie rachitischen Ursprungs ist, das kann ich Ihnen nicht sagen.« Er zeigte der Mutter, wie sie das Kind hochziehen sollte, um die Muskeln zu stärken, die beim Sitzen halfen.

»Helfen Sie ihr ein wenig, aber sie muss sich selbst anstrengen. Merkwürdig ist allerdings, dass das Kind außer der Lähmung kerngesund scheint, sogar kräftig. Trotzdem, wir sollten es mit Lebertran versuchen.«

»Aber der ist teuer«, wagte die Mutter einzuwerfen.

»Ja, teuer ist er. Und ob der Aufwand sich lohnt … bei einem so kleinen Kind, von dem man nicht weiß, ob es durchkommt? Haben Sie denn noch andere Kinder?«

»Drei«, antwortete sie leise.

»Na ja, dann«, lautete die Antwort. Der Arzt ließ offen, was er damit meinte.

Der Vater kaufte den Lebertran und seine Frau war ihm dankbar dafür. Er roch und schmeckte scheußlich, doch Margarete schluckte ihn tapfer. Und als ob sie die Worte des Arztes verstanden hätte, probierte sie immer wieder, mit den Händen zu greifen und die Beine anzuziehen. Sie konnte inzwischen wieder sitzen und so stellte die Mutter das Kinderstühlchen neben sich auf die Bank, während sie am Tisch Teig knetete. Margarete schaute ihr zu, wobei ihr Mund keinen Augenblick stillstand.

»Was ist das?«, fragte sie und deutete auf die Mehlschüssel.

»Eine Schüssel«, erklärte die Mutter.

»Schüs-sel«, wiederholte das Kind und patschte mit dem linken Händchen auf den Tisch. »Schüssel, Schüssel. Schüssel – und das?«

»Mehl.«

»Meeel! Schüssel, Meel, Schüssel, Marie, Pauli, Mutter, Rrret.« So ging es unermüdlich, bis die Mutter die Geduld verlor.

»Jetzt bist du still! Ich kann dir nicht jedes Wort sagen. Hier, nimm den Löffel zum Lutschen.« Aber das brachte nicht den gewünschten Erfolg.

»Schtill, schtill, Löff-fell, Meel«, erklärte die Kleine bestimmt, wobei sie mit dem Löffel zu jedem Wort gegen den Topf schlug.

Mit einem unsicheren Seitenblick auf die Mutter begann Marie, die bereits beim Teigausrollen helfen durfte, zu singen. Margarete krähte gleich mit. Sie lernte die einfachen Melodien rasch und patschte den Takt dazu. Auch die Mutter sang mit.

Wenn der Vater heimkam, begann Margarete in ihrem Stühlchen zu ruckeln und streckte ihm das gesunde Ärmchen entgegen. Meistens hatte sie Erfolg. Er nahm sie hoch und lief mit ihr durch die Küche, ließ sich alle neuen Wörter aufsagen und setzte sie schließlich auf der Bank ab, sodass das Kind ein wenig hin und her rutschen konnte. Doch wenn er seine Tochter auf dem Fußboden absetzen wollte, griff die Mutter ein: »Verwöhn sie nicht. Sie wird es schwer genug im Leben haben.«

»Aber irgendwie muss sie sich bewegen. Sieh nur, wie geschickt sie den ganzen Körper mit dem gesunden Ärmchen vorwärtszieht. Das gibt ihr Kraft.«

»Auf dem Boden leben nur Tiere. Meinst du, ich kann ihr ständig neue Kleider nähen, damit sie sie auf dem Fußboden im Dreck zerreißt?« Und mit einem vorwurfsvollen Blick auf seine Stiefel fügte sie hinzu: »Jeder trampelt hier mit dreckigen Schuhen herein, an denen der Straßenkot klebt. Darin soll mein Kind nicht aufwachsen.«

»Ist schon gut, Maria. Ich will dir doch das Leben nicht noch schwerer machen.« Schuldbewusst setzte Friedrich Steiff die kleine Margarete in ihrem Kinderstuhl ab. Wütend fing sie an zu heulen.

»Da siehst du's«, seufzte die Mutter. »Sie ist ein solcher Sturkopf. Den ganzen Tag lässt sie mir kaum Ruhe. Und ich hab doch wahrlich genug zu tun. Wie oft geb ich ihr nach, weil ich's einfach nicht mit ansehen kann. Da musst du ihr nicht noch mehr Flöhe in den Kopf setzen.«

1850

Die Mutter stand mit Margarete auf dem Arm oben an der Treppe, neben ihr Fritz, während Marie und Pauline den Wagen für die kleine Schwester unten aus der Werkstatt zogen.

»Bleib hier oben stehen und rühr dich nicht vom Fleck, Fritz«, erklärte die Mutter ihrem Jüngsten. »Ich muss erst Gretle die Treppe hinuntertragen und in den Wagen setzen. Dich hol ich gleich.«

Aber Fritz wollte nicht warten. Auf eigene Faust machte er sich daran, die enge, steile Treppe hinunterzusteigen.

»Bleib stehen, sonst brichst du dir noch den Hals! Marie, nimm den Fritz, die Gret ist grad schwer genug. Mach schon, der ist nicht zu halten.«

Marie überließ den Wagen Pauline und stürzte die Treppe hoch, schimpfte mit Fritz, fasste den Buben fest an der Hand, hob ihn aufatmend neben die Gret in den Wagen. Pauline hatte derweil den begehrten Platz am vorderen Griff des Wagens gepackt und verkündete stolz: »Ich bin der Ochse.«

»Meinetwegen, dann schieb eben ich«, meinte Marie, die merkte, wie sehr die Mutter in Eile war. Dann hatte sie für die Streitereien der Schwestern wenig Sinn.

Weit war es nicht bis zum Haus der Großeltern. Als diese

den kleinen Wagen heranrumpeln hörten, traten sie vor die Tür. Die Mutter nahm wieder Margarete auf den Arm, während Fritz allein aus dem Wagen kletterte, ins Haus lief und die Schwestern den Leiterwagen im Hof abstellten.

Auch hier bei den Großeltern war Margaretes Platz auf der Bank. Der Großvater hatte extra für sie ein Kissen dick ausgestopft, auf dem die Mutter ihre Last absetzte. Dann stand sie wieder an der Tür. »Es kann heute länger dauern«, sagte sie im Hinausgehen. »Die beiden Mädchen nehme ich mit. Es hat lange nicht geregnet, und auf dem Feld muss gehackt werden. Ich bring euch dann am Abend Bohnen.«

»Geh nur. Die beiden sind bei uns gut aufgehoben und machen uns viel Freude«, meinte der Großvater und lachte Fritz an. »Komm mit in den Hof, ich habe die Hühner noch nicht gefüttert.«

Die Großmutter hatte inzwischen eine Schüssel mit Knöpfen auf den Tisch gestellt, die Margarete vorsichtig umkippte. »Ach, meine lieben kleinen Häschen, wie schön, euch wiederzusehen«, freute sie sich. »Ihr dürft jetzt ein Weilchen in den Wald, während ich euch ein Haus baue«, sagte sie und suchte die fünf kleinen braunen Knöpfe heraus. »Im Wald könnt ihr Wurzeln suchen und süße Früchte. Was, was sagst du da, Hoppel? Du möchtest frische Möhren? Aber die wachsen nur in den Gärten, da darfst du nicht rein. Du meinst, eine ganz kleine Möhre würde niemandem auffallen? Du bist ein böser Hase, nein, das muss ich dir verbieten. Lass die Quengelei, das ist ja nicht zum Aushalten. Ich muss schaffen. Das Haus muss fertig werden. Wo sollt ihr denn bleiben, wenn es heute Abend regnet? Nun nimm deinen kleinen Bruder und stör mich nicht bei der Arbeit.«

Margarete suchte etliche weiße Knöpfe zusammen und begann sie in einem großen Viereck auszulegen. »So, hier ist der Eingang, der Flur, die Küche und am Herd ein warmes Plätzchen für euch in einer schönen Kiste.«

Inzwischen war Fritz zu ihr auf die Bank gerutscht, ließ die Hasen immer weiter in den Wald laufen. »Zappel, diese Beeren schmecken ganz wunderbar. Hier, nimm. Süß. Saftig. Aber was ist denn das? Da kommt der Fuchs!«

»Oje, habt ihr die Warnungen der Mutter nicht gehört? Das ist der große Fuchs, der will euch alle fressen. Rennt, rennt um euer Leben!« Margarete hatte den großen roten Knopf gefunden, der nun drohend auf die kleinen Hasen zulief.

Fritz schob die kleinen Hasen einen nach dem anderen auf das Haus zu. Doch das war ein weiter Weg. Die Schwester half ihm. »Lauft, lauft! Du kannst dich jetzt nicht umschauen. Aber zickzack laufen, das tun Hasen, um den Fuchs zu täuschen.«

»Er hat so eine fürchterlich große Schnauze.«

»Hoppel, du hast jetzt keine Zeit, um Angst zu haben. Du musst rennen. Da hinten ist schon das Haus. Du schaffst es!«

Alle gleichzeitig, sich schubsend, rutschten die Hasen unter großem Geschrei ins Haus.

»Sie sind gerettet! Sieh nur, wie der Fuchs draußen schimpft und tobt. Er beißt sich vor Wut sogar in den Schwanz. Und die Hasen hüpfen vor Freude. Sie müssen sich jetzt im Kreis aufstellen und tanzen. Komm, wir singen dazu.«

Brav folgte Fritz den Anweisungen der Schwester, bis die Großmutter vom Herd rief: »Jetzt hat es sich ausgetanzt. Das Mittagessen ist fertig. Ihr könnt die Teller decken.«

Mit einer raschen Bewegung schob Margarete die Knöpfe zusammen und ließ sie in das Schüsselchen plumpsen, das Fritz unter den Tischrand hielt. Dann nahm er die Teller von der Großmutter entgegen.

Spätzle und Gemüse! Das gab es auch zu Hause fast jeden Tag. Aber der Großvater kochte anschließend noch seinen Zichorienkaffee, und dazu schmierte die Großmutter den Kindern ein Butterbrot. Das gab es zu Hause nur für den Vater. Wie das schmeckte! Margarete biss vorsichtig hinein, ließ die glatte, kühle Butter langsam am Gaumen entlanggleiten, bevor sie zu kauen begann und Brot und Butter miteinander vermischte.

»Erzählst du uns etwas von früher, Großmutter? Bitte, bitte.«

»Ja, wartet nur, ich muss mein Strickzeug noch hervorholen.« Die alte Anna Maria Hähnle setzte sich zu den beiden und erzählte von dem Gasthaus, in dem von früh bis spät die Arbeit nicht aufhörte und in dem manch seltsamer Gast einkehrte. »Einmal, es war draußen bereits dunkel, klopfte es dreimal laut an der Tür. Wir bekamen alle einen gehörigen Schreck. Die Tür öffnete sich jedoch nicht, es blieb ganz still. Wer sollte öffnen gehen? Jeder hatte eifrig etwas zu tun und schaute von seiner Arbeit nicht auf. Schließlich ...«

Während die alte Frau erzählte, blickte Margarete fasziniert auf ihre Hände. Fünf Nadeln ragten aus dem Strumpf heraus, die alle ständig in Bewegung schienen. Ganz gleichmäßig, ohne aufzuhören, ohne neu anzufangen. Die Großmutter hatte die Enkelin auch schon an das Strickzeug gewöhnen wollen, sogar Maschen für sie aufgenommen. Aber Margarete konnte mit der rechten Hand die Nadeln kaum halten. Fast alle Versuche, durch die Masche auf der linken Nadel durchzustechen, waren ihr missglückt. Einen Faden mit der Nadel zu fassen und durchzuziehen – daran war gar nicht zu denken.

»Aller Anfang ist schwer«, hatte die Großmutter tröstend gesagt. Aber sie wusste genau: Es würde ihr nie gelingen. Dagegen bei der Großmutter! Wie von selbst wuchs der Strumpf – sie musste nicht einmal hinschauen. Niemals verhedderten sich die verschiedenfarbigen Fäden, aus denen Muster entstanden, oder gar eine Schrift mit den Namen der Leute, die bei der Großmutter die Socken bestellt hatten.

Selbst die Mutter bewunderte diese Arbeit. »Kaum jemand

in Giengen strickt so gleichmäßig wie die Großmutter. Und so schnell. Wenn ihr das so gut lernt wie sie, Marie und Pauline, werdet ihr immer ein schönes Zubrot haben.«

Gerade als Fritz sich das letzte Stück von seinem Butterbrot in den Mund stopfte, öffnete sich die Tür und Tante Ursche trat herein. Die blieb wie erstarrt stehen. »Ach, die beiden werden wieder einmal mit Leckerbissen vollgestopft. Und wo sollen die herkommen? Es reicht nicht, wenn ihr die Kinder so verwöhnt, das habe ich euch schon oft gesagt. Sie sollten beizeiten lernen zu sparen.«

Die Großmutter war verstummt. Der Großvater schaute schuldbewusst. Das durfte Tante Ursche nicht!

»Immer wenn etwas gut ist, heißt es, ihr verwöhnt«, schimpfte Margarete. »Jetzt hast du die beiden ganz traurig gemacht. Sie haben uns die Brote gerne gegeben.«

Tante Ursche zog den Mantel aus, brachte ihn in den Flur. Dann setzte sie sich zu ihnen an den Tisch. »Ist schon gut, Gretle«, meinte sie versöhnlich. »Vielleicht hast du recht. Aber es herrscht große Teuerung. Da reicht das Geld hinten und vorne nicht.«

Sommertage

1855

Margarete saß an einen Baum gelehnt am Rande des Feldes, während der Nachbar und die übrigen Steiff-Kinder das Heu zusammenrechten und auf den Wagen schichteten. Ein flirrend heißer Sommertag, strahlend blau und windstill, aber die Luft bereits drückend. Ein Gewitter kündigte sich an.

Pauline, Marie und Fritz rann der Schweiß über die rotglänzenden Gesichter. Zuerst hoben sie die Heugabeln mit Kraft hoch, aber dann ermüdeten sie und die Arme bewegten sich nur zögerlich. Hin und wieder blieb eines der Kinder stehen, um tief Luft zu holen.

Jetzt fühlen sich ihre Arme an wie meine, dachte Margarete. Schwer, als zöge eine unbekannte Kraft sie dem Erdboden zu. Nachher werden sie sich großtun, über die harte Arbeit schimpfen und der Schwester erklären, wie froh sie sein könne, dort im Schatten zu liegen und ihnen zuzuschauen. Aber das war nur Gerede. Sie wussten alle genau, wie viel Margarete darum gäbe, bei der Ernte mittun zu können.

Der würzige Geruch des Heus stieg bei der Arbeit auf; es duftete nach Blumen und Wiesenkräutern, die der Sense zum Opfer gefallen waren. Alle Sehnsüchte, die das Mädchen bedrängten, steckten darin. Sie schloss die Augen, versuchte, die Kräuter vom Heu zu unterscheiden und den Duft jedes einzelnen Krautes mit dem Atem durch ihren Körper hindurchrinnen zu lassen.

Es war so wunderschön hier draußen. Am liebsten wollte sie hier liegen bleiben, tagsüber in der Hitze und abends, wenn die Wärme nachließ und die Luft samtig wurde. Aber Onkel Esis hatte gesagt, dass sie sich beeilen müssten, da ein Unwetter aufzog. Der Gedanke schreckte sie nicht. Selbst wenn das Gewitter auf sie herunterkrachte, würde sie sich freuen. Wilde Blitze und grollende Donner … sie fürchtete sich nicht davor, sie würde schreien vor Vergnügen über den kühl herabrauschenden Regen. Als ob ein Donner ihr etwas anhaben könnte! Aber nein! Bis zum Ausbruch des Unwetters würde sie längst wieder in der Stube sitzen. Nie durfte sie ein richtiges Abenteuer erleben … Schade!

Sie spürte, wie ihr Tränen aus den Lidern drängten. Nachher würden die Geschwister über die Wiese zu ihr gerannt kommen, auf zerkratzten Beinen, die mühelos laufen, springen oder hüpfen konnten. Und alle Anstrengung wäre vergessen. Warum war sie nicht ein Vogel, der beim Fliegen keine Beine brauchte und sich vom Wind in den Himmel hinauftragen, im Sturzflug hinunterfallen ließ oder über die Erde dahinglitt, mühelos, nur hin und wieder mit den Flügeln schlagend. Ach, Kraft in sich zu verspüren, die trug! Nicht immer nur Müdigkeit und nutzlose Anspannung!

Wenn die Mutter ihre Gedanken hören könnte! Die würde schimpfen. Margarete hörte bereits ihre Stimme: »Siehst du, nie bist du zufrieden. Da nimmt dich Onkel Esis, der wahrlich anderes zu tun hat, mit aufs Feld – und du, anstatt dich zu freuen … Ich hätte mir auch vieles anders gewünscht, das kannst du mir glauben.«

Mit aller Kraft biss Margarete sich auf die Zähne. Sie wollte doch nicht immer die böse Gret sein.

»He, Gretle, was hast du denn? Mir ist langweilig. Erzähl mir was, dann winde ich dir einen Kranz.« Die fünfjährige Bärbel, die von den Arbeitenden auf dem angrenzenden Feld weggeschickt worden war, stand vor ihr und hielt ihr eine Schürze voller Blumen hin.

Margarete zog die Nase hoch, damit die Tränen verschwanden, und wischte sich über das Gesicht. »Na gut. Warte mal. Kennst du die Geschichte von dem kleinen Adler, der grässliche Angst vor dem Fliegen hatte?«

Bärbel schüttelte pflichtschuldig den Kopf.

»Weißt du, die Adlerfamilie wohnte im Gebirge, auf einem hohen Felsen …«

»So hoch wie unsere Kirchtürme?«

»Viel höher. Da hockte das Adlerjunge nun im Nest und traute sich kaum, über den Rand zu gucken. Wie tief es da hinunterging! Obwohl die Welt da unten schön aussah: Dunkelgrüne Wälder zogen sich den Berg hinunter, dazwischen erstreckten sich hellbraune Felder und grüne Wiesen, auf denen merkwürdige winzige weiße Tiere herumspazierten …«

»Das waren Schafe. Aber die sind doch nicht winzig.«

»Von so weit oben schon. Eines Tages kam nun der Adlervater und sagte zu dem Kleinen: Du bist jetzt groß, musst in die weite Welt hinausfliegen und dir ein eigenes Nest bauen. Wir haben genug Frösche, Mäuse und anderes Getier für dich gefangen. Das reicht. – Da fing der kleine Adler an zu jammern: Ich weiß doch gar nicht, wie man fliegt. Ich werde abstürzen und dann werden die weißen Tiere mich fressen.«

»Der war wirklich dumm. Als wenn Schafe Vögel fressen!«

»Na ja, das konnte der schließlich nicht wissen. Und außerdem wollte er nur davon ablenken, dass er nicht wusste, wie man fliegt. Da führte ihm der Vater ein paar Mal vor, wie er mit den Flügeln schlagen muss, dann schubste er den Kleinen an den Rand des Nestes. Der kleine Adler weinte vor Angst. Gleich würde er in die Tiefe stürzen und fallen … fallen … fallen. Doch dann kniff er die Augen zusammen und sprang. Er sauste der Erde entgegen, aber er prallte nirgends auf. Hektisch begann er, mit den Flügeln zu flattern – und plötzlich trug ihn die Luft.

Er blinzelte mit dem linken Auge, dann öffnete er auch das rechte, streckte die Flügel, wurde ruhiger. Es war sehr anstrengend, die Flügel taten weh, wurden mit jedem Schlag schwerer. Aber nach und nach fand er die richtige Haltung: wenn er sich etwas vorbeugte, segelte er ruhig dahin; mit jedem Flügelschlag wurde er etwas schneller. Er lernte nach rechts zu steuern, nach links, ein wenig auf, ein wenig ab. Er hörte den hellen Pfiff der Mutter, schließlich den Vater weit unten, der schon ärgerlich war, weil der Kleine gar nicht nach Hause zurückkehren wollte. Aber ich muss mir die Erde doch genauer anschauen, rief er. Das kannst du auch morgen noch. Für heute ab ins Bett!«

»Den Rest musst du morgen erzählen. Und schönen Dank«, rief Bärbel aufspringend, denn sie hatte bereits mehrmals ihren Vater pfeifen hören, der ein anderes Stück Wiese mähte. Dafür kamen jetzt Marie, Pauline und Fritz auf Margarete zugelaufen.

»Wir sind fertig. Onkel Esis sagt, wir dürfen beim Heimfahren oben im Heu sitzen. Seine Kühe sind stark genug. Und dich kriegen wir auch hinauf.«

Tatsächlich, Marie nahm sie auf den Rücken und lud sie auf dem Wagen ab, wo der Esis sie von oben entgegennahm und hochzog, während die Geschwister von unten schoben.

»Hier, leg dich in die Mitte und halte dich an der Kette fest, die ich über das Heu gespannt habe.«

Margarete nickte, steckte die Nase ins Heu, atmete den Geruch tief ein und schaute sich um. Hoch über der Landschaft thronte sie, der Blick reichte links zum Bruckersberg und über die Wiesen rechts bis zur großen Bleiche, wo die Weber ihre Leinwände nach der Wäsche zum Aufhellen in die Sonne legten. Weiter links die Klingelmühle, gerade außerhalb der Stadtmauer, und vor ihr die beiden Türme der Stadtkirche – der eine etwas schmächtiger, als hätte ihm der andere, mit einer dicken Zwiebel obendrauf, immer alles weggegessen.

Der Wagen ruckte an. Die Geschwister hatten sich inzwischen an den Seitenstangen zu ihr hochgehangelt, lagen kichernd neben ihr im Heu und wurden von Onkel Esis immer wieder ermahnt, die Ladung nicht zu verrutschen. Das Gefährt holperte über die Wiese in die ausgefahrene Spur der Straße hinein und dann durchs Spital-Tor. Bei jedem Straßenloch, jedem Spurwechsel schwankte und ächzte der Wagen, sodass die Kinder tüchtig durchgeschüttelt wurden.

»Festhalten, es geht um die Kurve«, rief Onkel Esis warnend.

»Heidenei!« Sie hörten ihn fluchen, spürten, wie der Wagen nach links auswich und zu kippen begann. Wie auf einer Rutschbahn, dachte Margarete noch, bevor sie das Wasser der Brenz um sich spürte. Sie hörte das Wasser rauschen, fühlte es kalt in ihre Kleider eindringen, schließlich über ihrem Kopf zusammenschlagen.

Einen Augenblick, eine Ewigkeit, dann brüllten die Kühe los. Stimmen schrien durcheinander. Ein dunkler Stoff lag auf ihrem Gesicht, durch den sich ein paar helle Blumen abzeichneten. Angst hatte sie nicht und es tat auch nichts weh. Jetzt einfach losschwimmen, mühelos wie ein Fisch durch das Wasser gleiten. Bis zur Klingelmühle hinunter, in der Tante Apollonia wohnte, ihre Patin. Die würde staunen, wenn der Wassermann prustend dort auftauchte!

Noch während sie versuchte, ihre Schürze vom Gesicht zu ziehen, wurde sie hochgehoben und ans Ufer weitergereicht.

»Ach, Gott«, zeterte die Nachbarin. »Das arme Kind. Den Tod wird es sich holen.«

»So schnell sterb ich nicht«, antwortete Margarete trocken. »Mir ist gar nichts passiert. Im Gegenteil, ich wollte schon immer in der Brenz schwimmen lernen. Aber das erlaubt mir ja keiner. Jetzt würde ich gern wieder etwas sehen. Wenn du mir die Schürze aus dem Gesicht ziehen könntest?«

»Du bist ein merkwürdiges Kind. Ein Krüppel, aber nie um eine Antwort verlegen. So, jetzt kannst du die Bescherung anschauen. Ein Spaß ist das nicht. Das Heu verdorben und alle vier Kinder triefnass. Was hätte nicht alles passieren können!«

»Ist aber nicht. So ein bisschen Wasser schadet nicht. Nicht dem wilden Wassermann.«

»Wild bist du, da hast du recht. Was meinst du, was deine Mutter sagt, wenn wir euch vier abliefern.«

»O weh, die wird sich aufregen ...«

»... und uns so bald nicht wieder erlauben, beim Heumachen dabei zu sein«, konstatierte Fritz, der allein das Ufer hinaufgeklettert war. »Dabei kann Onkel Esis nichts dafür. Der Johann kam uns mit seinem Karren entgegen, da hat er versucht, auszuweichen.«

Marie wurde gerade von zwei Männern die Böschung hochgereicht. Pauline war nicht einmal richtig nass geworden, da das Heu sich unter und auf ihr getürmt hatte. Doch beide Mädchen heulten verschreckt.

Auf der Straße waren die Nachbarn zusammengelaufen. Die Kühe hatte bereits jemand ausgeschirrt, nun wurde mit kräftigen Hau-ruck-Rufen der Wagen aufgerichtet und auf Schäden hin untersucht. Einige Seitenstangen waren den Kindern in die Brenz gefolgt, hatten aber niemanden verletzt.

Sie zeigten sich gegenseitig ihre kleinen Blessuren. »Das gibt morgen einen tüchtigen blauen Flecken«, meinte Fritz, während er Spucke auf seinem Knie verrieb. Pauline klaubte sich das Heu aus den Haaren, Marie schluchzte immer noch, der Bauch tue ihr weh. Endlich trat Onkel Esis auf sie zu. Er hinkte ein wenig und über dem Ohr hatte sich bereits eine dicke Beule gebildet.

»Jetzt müsst ihr heim, bevor ihr euch noch erkältet. Eure Mutter wird sich Sorgen machen.«

»Erkälten«, schnaubte Margarete. »An einem warmen Sommerabend?«

»Jetzt sei endlich still«, mahnte Pauline sie. »Immer weißt du alles besser.«

Als der Nachbar mit Margarete auf dem Arm in die Stube trat, erstarrte das Gesicht der Mutter.

»Uns ist nichts passiert«, riefen die Mädchen aufgeregt. »Wirklich nicht.« Dann begannen sie wieder zu weinen. Die Mutter stand am Tisch, den Mund zu einem schmalen Strich verzogen. Ihre Hände krampften sich um die Tischkante. Niemand rührte sich.

»Es tut mir wirklich leid«, murmelte der Nachbar.

»Es war der Karren vom Johann. Wir haben nicht geruckelt oder sonstwie Blödsinn gemacht«, erklärte Marie leise.

»Ist schon gut.«

»Dann will ich mal gehen.« Mit hängenden Schultern verließ der Nachbar die Wohnung der Steiffs. Doch auch nachdem die Tür hinter ihm zugefallen war, sagte keiner etwas. Die Mutter starrte durch die Kinder hindurch, während sich auf dem Fußboden vier kleine Wasserlachen bildeten.

»Das kann doch mal passieren«, flüsterte Pauline.

»Passieren, passieren! Was wisst ihr schon? Alle vier auf einmal. Zwei Kinder bereits gestorben, eines ein Krüppel. Und dann ... Ihr wisst nicht, was für Angst ein Mensch hat, wenn ihm schon mal ein Toter ins Haus gebracht wurde und das Leben plötzlich zu Ende ist. Vom Dach gefallen ist der Mann. Niemand kann dafür. Es ist auch nicht viel passiert. Nur tot ist er.«

Zum Glück kam der Vater herein, der draußen schon gehört hatte, was passiert war. »Geht, zieht euch um. Und vergesst eure Schwester nicht.« Er trat auf die Mutter zu, legte den Arm um sie. »Diesmal ist alles gut ausgegangen«, hörten die Kinder ihn im Hinausgehen sagen.

Die Mutter antwortete nicht, ließ es sich aber gefallen, dass ihr Mann ihren Kopf an seine Brust zog.

Abends konnte Margarete lange nicht einschlafen. So ein aufregender Tag! Davon könnte sie viel mehr gebrauchen. Sonst saß sie meistens in ihrem Leiterwagen vor der Tür. Stundenlang. Aber das war immer noch besser, als drinnen zu sein. Dort passierte ja rein gar nichts – außer dass die Mutter in der Küche den Spätzleteig rührte oder die Schwestern Gemüse putzten.

Heute dagegen war alles anders. Zuerst hatte ihr Nachbar Edelmann sie der Mutter abgeschwatzt: »So ein schöner Sommertag und das Gretle sieht nichts davon ... Es kann sich doch so freuen!« Dann mit dem großen Wagen durchs Tor aus der Stadt hinaus, die Wiesenblumen, die Sträucher am Wiesenrand, der endlose blaue Himmel, der Bruckersberg, die Schafe ...

Schließlich die abenteuerliche Fahrt zurück. Ssstt um die Kurve und weiter – richtig geflogen war sie, in hohem Bogen in die Brenz. Ach, zu baden: das erlaubten sich höchstens die großen Buben weit außerhalb der Stadt, wo niemand es ihnen verbieten konnte. An einer Stelle, wo sich der Fluss etwas gestaut hatte, sprangen sie mit Schwung hinein, taten sich in der Schule damit groß: Anlauf, Absprung mit angezogenen Beinen, klatschend, die Kameraden am Ufer nassspritzend; auf dem Wasser aufkommen und in die Tiefe sausen, sodass ihnen die Ohren wehtaten. Die ganze Zeit über mussten sie den Atem anhalten. Trotzdem blieben die Mutigsten lange unter Wasser, ließen sich sogar vom Strom mitziehen, bevor sie heftig nach Luft schnappend wieder auftauchten. Die Mädchen trauten sich das nicht, sahen aber heimlich zu und berichteten ihr davon. Und ausgerechnet sie, die Gret, der Krüppel, war von hoch oben in den Fluss hineingestürzt.

Wenn nur die Mutter nicht so erbost wäre. Die verdarb ihr jedes Vergnügen, würde sie in Zukunft bestimmt nicht mehr mit aufs Feld lassen ... Bloß wegen ihrer ewigen Angst. Wenn sie sich nur wehren könnte! Weglaufen, in die weite Welt hinein, wie es in den Geschichten immer hieß, um Abenteuer zu bestehen, ihr Glück zu machen und dann stolz zurückzukehren! Oder um nach Amerika auszuwandern wie Jakobine im letzten Jahr, die mit einem großen Schiff von Hamburg aufgebrochen war. Sie hatte bunte Karten geschickt und von einer riesigen Stadt mit turmhohen Häusern berichtet.

Ja, die Mutter. Margarete wusste, dass sie ungerecht war, wenn sie mit ihr haderte. Sie sprach nie davon, aber Margarete wusste von den Großeltern, dass ihre Mutter mit 26 Jahren bereits Witwe gewesen war. Zuerst waren ihre beiden Kinder gestorben. Dann fiel ihr Mann vom Dach, der Maurermeister Johann Georg Wulz. Oben auf der Kannenbrauerei hatte er gestanden; was genau geschehen war, wussten auch die Leute nicht, aber es kam immer wieder vor, dass beim Dachdecken jemand hinunterfiel, abrutschte, eine Latte einbrach oder sonst etwas. Das war die ständige Angst der Mutter. Darum wurde sie unruhig, sobald der Vater etwas länger ausblieb als gewöhnlich. Oder wenn mit den Kindern etwas passierte.

Sie, Margarete, fühlte sich böse, wenn sie der Mutter vorwarf, dass sie ihr nichts gönnte. Sie musste Gott um Verzeihung bitten und die Mutter auch. Aber das war schwer, denn Margarete hatte keine Angst, sondern war neugierig auf die Welt. Gut, dass der Vater, der Geselle Friedrich Steiff, die Mutter damals zur Frau genommen hatte und das Baugeschäft weiterführte. Mit dem Vater ging es ihnen allen gut. Der konnte auch die Mutter beruhigen, selbst wenn sie sich über Margarete geärgert hatte.

»So, hier bleibst du. Glaub ja nicht, dass ich dich in einer Stunde wieder hochschleppe. Ich habe wirklich anderes zu tun. Und dass du ja nicht vergisst zu häkeln!«

Die Mutter setzte die Tochter in ihrem Wagen ab und schob ihn aus der Werkstatt auf die Ledergasse hinaus. Sie hielt sich noch einmal kurz den Rücken, dann war sie wieder im Haus verschwunden.

Mit der war heute nicht zu spaßen. Am liebsten hätte die ihre lahme Tochter gleich am Morgen oben in der Stube sitzen lassen. Aber dann war der Vater noch einmal zurückgekommen, um sie in den Hof hinunterzutragen.

Immer war sie nur im Weg. Zuerst hatte der Vater sie irgendwo auf einem Stuhl abgesetzt, den aber hätte das Schwein fast umgerannt, als es wild an dem Strick zerrte, mit dem es festgebunden war. Margarete konnte zwar sehen, wie der Metzger kurz darauf seinen Hammer niedersausen ließ, und hören, wie das Quieken plötzlich erstarb. Doch auf alles Weitere hatten ihr die Rücken der anderen die Sicht versperrt.

Am Abend würde Pauline erzählen, dass ihr fast schlecht geworden sei, als das arme Tier abgestochen wurde. Fritz wäre stolz darauf, dass kein Tropfen Blut neben seinen Eimer geflossen war, obwohl Marie sofort angefangen hatte, das Blut zu rühren. Aber auch die war irgendwann müde geworden, hatte Gret die Schüssel mit Blut hingestellt. Sie hatte sich so angestrengt. Aber es war halt keine Kraft in ihren Armen. Aus Leibeskräften hatte sie gerührt – sie musste schließlich auch aufpassen, dass es nicht spritzte –, war aber immer langsamer geworden, bis ihr jemand den Löffel aus der Hand gerissen hatte.

»Du lässt das Blut ja gerinnen. Dann kann man es nicht mehr gebrauchen.«

Sie hatte sich gewehrt, geschimpft; schließlich war das Blut noch nicht geronnen und sie hätte auch wieder kräftiger gerührt, wenn sie nur einen Augenblick hätte ausruhen können. Aber da hatte die Mutter sie schon nach draußen befördert. Die besten Stücke der Metzelsuppe würde ihr heute Abend wohl niemand zuteilen.

Jetzt saß sie hier. Margarete nahm ihren Lappen hervor, der reichlich krumm und schief aussah.

Diese Häkelei! Mit links bekam sie nichts zustande und der rechte Arm tat immer gleich weh. Es war so mühselig ihn anzuheben. Mit der Häkelnadel zu arbeiten ging ja noch – wenigstens besser als mit der Stricknadel. Eine Schlinge fassen und zurückziehen, das schaffte sie so einigermaßen, aber dann ... die Schlinge halten, eine zweite machen, eine dritte durchziehen ... es dauerte ewig. Trotz aller Mühe und Schmerzen sah der Lappen hinterher unmöglich aus.

Sie hasste das Häkeln. Den anderen gelang es mit Leichtigkeit. Manchmal häkelten Pauline oder Marie rasch ein paar Reihen für sie. Doch das durfte die Mutter nicht merken. Es war schließlich das Einzige, wozu sie nach Ansicht der Mutter einigermaßen taugte. Und die machte sich Sorgen um ihre Zukunft.

Sie konnte wirklich fast nichts. Den Brotteig kneten und rollen, Hühner rupfen und ausnehmen, Bügeln – bei allen Hausarbeiten war sie keine Hilfe. Draußen im Garten oder auf dem Feld erst recht nicht. Sie konnte ja nicht einmal in den Stall hinuntergehen und die Hühner füttern oder Eier einsammeln. Und wenn die Mutter rasch etwas Petersilie in der Küche brauchte, konnte sie ihr keine vom Beet zupfen. Immer mussten die anderen ihr helfen. Wenn sie doch einmal etwas tun könnte, für das sie gelobt würde, der Mutter etwas abnehmen könnte!

Heute war ein grauer, windiger Herbsttag, doch Margarete war nicht empfindlich. Auf der Gasse gab es immer etwas zu sehen und zu hören. Das Klappern des Mühlrades, das sich in der Brenz drehte; zwei Frauen kamen mit zwei großen Taschen die Steige herunter.

»Na Gretle, immer fleißig? Das ist brav.« Sie nickte zustimmend, obwohl sie ihnen lieber eine lange Nase gezeigt hätte. Aber das traute sie sich nicht.

Ein Mann zog mit seinem Pferd, das ein wenig lahmte, an ihr vorbei und grüßte.

»Wird es in der Schmiede beschlagen? Da würde ich gern einmal zuschauen.« Der Mann schüttelte wortlos den Kopf, verschwand mit dem Tier hinter dem großen Tor der Schmiede. Margarete sog die Luft ein. Wenigstens der Geruch des Pferdes stand ein paar Augenblicke in der Gasse. Ein wenig später entdeckte sie vor dem Nachbarhaus die Katze des Schusters. Margarete lockte, aber auch die Katze war anderweitig beschäftigt. Gespannt starrte sie auf ein Loch unten an der Mauer. Das Mädchen schaute ihr eine ganze Zeit lang zu, obwohl sich keine Maus zeigte. Schließlich schlich die Katze davon.

Vielleicht sollte sie ein bisschen rechnen, um sich die Zeit zu vertreiben. Acht mal neun weniger dreißig. Zweiundvierzig. Das war zu einfach. Das hätten die anderen in der Schule auch gekonnt. Jedenfalls die, die rechnen konnten. Siebenundzwanzig mal fünf weniger neunundvierzig. Sechsundachtzig. Hoffentlich stimmte die Zahl. Zur Probe konnte sie es ja andersherum noch einmal rechnen.

Endlich kamen drei Mädchen die Straße entlang. »Wieso bist du allein?«, fragten sie. »Wo sind denn deine Schwestern?«

»Hinten im Hof. Bei uns wird heute geschlachtet.«

»Und da musst du hier draußen sitzen? Vielleicht können wir etwas spielen? Ich sehe was, was du nicht siehst?«

»Wer fängt an?«

»Du hast immer die besten Einfälle. Und kennst hier jeden Fleck.«

»Also gut, ich sehe was, was du nicht siehst und das ist grau.«

»Oh, das ist schwer. Hier gibt es so viele Dinge, die grau sind. Steine?«

»Nein.«

Es dauerte ziemlich lange, bis die beiden die Katze entdeckten, die sich inzwischen in eine Hausecke zurückgezogen hatte. Wenigstens ihr grauer Schwanz war noch zu sehen. Schließlich verloren die Mädchen die Lust.

»Die Buben sind sicher wieder am Stadttor. Vielleicht sollten wir mal nach denen sehen.« Weg waren sie.

Margarete nahm ihren Häkellappen in die Hand. Der blieb ihr immer.

Eine Nachbarin kam die Gasse entlang – mit ihrem Säugling im einen und der Hacke im anderen Arm. »Ich muss noch mal schnell aufs Feld. Hab was vergessen. Kann ich den Karl bei dir lassen?«

»Gern. Leg ihn nur zu mir in den Wagen.«

Die Frau legte das steif gewickelte Kind neben Margarete in den kleinen Leiterwagen. Als der Kleine die Stimme der Mutter nicht mehr hörte, gab er ein paar unzufriedene Gluckser von sich.

»Na komm«, flüsterte Margarete. »Hier liegst du doch gut. Mir fällt schon etwas ein, was du magst.« Sie begann zu summen. Das Kind wandte ihr den Kopf zu und stieß einen gurrenden Laut aus. Sie gurrte zurück. »Möchtest du in der Vogelsprache reden? Das kannst du haben.« Sie führten ein langes Gespräch, glucksten, krächzten und brummten abwechselnd, bis das Kind leiser wurde und einschlief, in seinen Träumen bewacht von Margaretes Summen.

Als die Geschwister Margarete zur Schlachtsuppe hereinholen wollten, war die Nachbarin noch nicht zurück. Erst kurz nach dem Abendläuten hetzte sie atemlos die Straße herauf, bedankte sich bei Margarete und lobte sie vor der Mutter.

An diesem Abend war Maria Margarete Steiff mit ihrer Tochter zufrieden, auch wenn der Häkellappen nur um wenige Reihen gewachsen war.

Die Reise nach Ludwigsburg

1856

»Das ist viel zu teuer für uns. Sie ist doch noch ein Kind …
Und bislang hat gar nichts geholfen, obwohl wir schon
zu mehreren Ärzten, ja bis nach Ulm, gereist sind und dort viel
Geld gelassen haben.«

»Auch Kinder werden erwachsen. Das Gretle muss doch
irgendwie leben.«

»Aber wir sind arm.«

»Nein, Maria, das sind wir nicht. Die Zeiten sind besser
geworden. Als wir uns kennen lernten, da hast du recht, da
konnte man noch nicht abschätzen, ob das Baugeschäft zu
halten war. Viele Geschäfte sind den Bach runtergegangen, seit
überall die Maschinen laufen. Die Lodweber, Siebmacher und
Rotgerber haben fast alle schließen müssen, weil die Fabriken
billiger herstellen. Aber wir haben einen Vorteil durch die
neue Zeit. Giengen ist zwar durch Napoleon keine Reichsstadt
mehr, aber es hat doch auch Gutes, zum Königreich Württemberg zu gehören. Stuttgart investiert in die Wirtschaft und wir
haben einen sicheren Stand. Die neuen Manufakturen brauchen große Hallen, es wird also weiterhin gebaut werden.«

»Du meinst, wir sollten wirklich fahren? So eine weite Reise?«

»Ja, das meine ich. Ich habe bereits mit dem Klingelmüller
gesprochen. Er will uns helfen. Der Giengener Stiftungsrat ist
gut bei Kasse. Für irgendetwas muss er sein Geld schließlich
ausgeben. Und unsere Tochter ist beliebt.«

»Aber die Hähnles haben im Augenblick andere Probleme.
Ihre Mühle läuft nicht gut.«

»Die Mühle der Hähnles hat mit dem Geld des Stiftungs-
rates nichts zu tun.«

»Davon verstehst du mehr. Meinst du, die Gret hat Aussicht auf Heilung?«

»Ich habe gehört, dass Doktor Werner große Erfolge haben
soll. Er nimmt fast nur gelähmte Kinder in seine Klinik auf
und operiert sie. Das ist etwas anderes als die ewigen Einrei-
bungen mit irgendwelchen Tinkturen.«

»Ist das nicht gefährlich? Und die Fahrt bis Ludwigsburg ...
mit dem Kind?«

»Mit der neuen Eisenbahn soll das ganz einfach sein, bequem und schnell. Sie schafft mindestens zwanzig Kilometer
in der Stunde. Wenn die Gegend nicht zu bergig ist.«

»Versuchen wir's! Unsere Tochter ist es wert.«

Aufregende Tage folgten: Papiere mussten besorgt werden, der
Bericht des Spitals, Wäsche wurde durchgesehen und gepackt.
Die Mutter besprach mit Tante Ursche, die den Haushalt in
der Zwischenzeit versorgen sollte, worauf zu achten sei. Am
Abend vor der Abreise brachte der Vater seinem Gretle eine
große Haarschleife mit. Das Kind war sprachlos vor Freude.

In der Früh um zwei Uhr mussten sie bereitstehen für den
Pferdeomnibus. Margarete wurde in eine Decke gewickelt und
schlief gleich wieder ein. Schlaftrunken nahm sie in Söhnstet-
ten im Gasthof ihr Frühstück zu sich. Und weiter ging es. In
Süßen sollten sie in die Eisenbahn umsteigen. Der Kutscher
hatte ihnen bereits am Tag vorher die nummerierten Fahr-
karten besorgt. »Zweiter Klasse«, hatte die Mutter entsetzt
gemurmelt, aber der Vater hatte ihr das Wort abgeschnitten:
»Auf dem Stehwagen willst du mit dem Gretle auf dem Arm
ja wohl nicht durchgeschüttelt werden.«

Obwohl Margarete sich fest vorgenommen hatte, keine
Angst vor dem Maschinenungetüm zu haben, lief es ihr kalt

über den Rücken, als es sich dampfend und zischend von weit her ankündigte. Dann stampfte das Ungeheuer in die Station ein. Ein rotgrüner Riese, schnaubend, mit großen Eisenrädern und dicken Eisenarmen darüber, die sich unablässig mitdrehten. Pustend, kreischend, Blitze schleudernd und alle Fahrgäste in dichten Rauch hüllend, kam die Lokomotive langsam zum Stehen.

Der Dienstmann, an seiner blauen Schildmütze zu erkennen, trug ihre Taschen noch ein Stück weit den Bahnsteig entlang, bevor sie in ihren Wagen einsteigen durften. Er hatte auch angeboten, Margarete die Stufen hochzutragen, aber die Mutter wollte sie nicht hergeben. Sie atmete schwer, als sie ihre Tochter auf der Holzbank absetzte.

Mit einem Ruck fuhr der Zug an und presste die Fahrgäste gegen die Rückenlehne. Die Mutter schlug die Hände vors Gesicht und begann leise zu beten. Auch Margarete zitterte ein wenig. Aber schließlich wagte sie doch einen Blick aus dem offenen Fensterloch und glaubte ihren Augen nicht zu trauen. Wiesen, Bäume, Dörfer, Kirchtürme zogen in atemberaubender Geschwindigkeit an ihr vorbei.

»Mutterle, schau, die ganze Welt tanzt! Das geht so schnell!«

»Schau nicht hin, sonst wird dir schwindlig.«

»Aber nein, es ist wunderschön. Wenn ich das in der Schule erzähle. Die lahme Gret ist mit dem Zug nach Stuttgart geflogen. Sieh nur, die Kühe. Schon wieder vorbei. Da ist es nichts mit ›ich sehe was, was du nicht siehst‹. Bevor einer was geraten hat, ist es längst weg und ein neues Bild vorm Fenster. Schau mal, auf der Straße stehen Leute, die winken uns zu.«

Margarete winkte aufgeregt zurück, lehnte sich ein wenig vor, um die Menschen länger sehen und winken zu können. Die Mutter hielt sie von hinten fest und schimpfte ein bisschen über die Unvorsichtigkeit der Tochter. Aber auch ihr gefiel die Reise, das hatte das Mädchen längst gemerkt.

Vor jedem Bahnhof pfiff der Zug. Sie mussten sich beim Bremsen festhalten, um nicht von der Bank zu fallen. Menschen stiegen aus, Gepäck wurde ausgeladen, neue Fahrgäste kamen herein. Margarete ging das alles viel zu langsam. Sie wollte weiterfahren.

Ein Schaffner in blauer Uniform betrat das Abteil, kontrollierte sorgfältig die Billets. »Bis Ludwigsburg reisen die Herrschaften. Da können Sie in Stuttgart auf Ihren Plätzen sitzen bleiben. Aber nicht erschrecken, mein Kind, vorher fahren wir über die Neckarbrücke und dann durch den großen Tunnel unter dem Schloss Rosenstein durch. Da wird es ganz dunkel.«

»Ich habe doch keine Angst«, entrüstete sich Margarete.

Als der Zug hinter Cannstatt mit einem schrillen Pfiff in das dunkle Loch hineinraste, schwoll sein Stampfen und Schnauben zu einem Unwetter an, während das Abteil sich mit Rauch füllte. »Mutterle, bitte, halt mich fest«, flüsterte Gret und suchte nach der Hand der Mutter. Andere Fahrgäste beteten laut. Eine Frau flehte zu Gott, sie nicht dem Teufel zu überlassen. Doch genauso plötzlich wie das Dunkel sie verschluckt hatte, übergoss sie wieder gleißendes Licht. Blinzelnd starrte Margarete auf das Häusermeer um sie herum, das gar nicht enden wollte. Dann vermehrten sich die Schienen rechts und links, wieder ertönte der Bahnhofspfiff und schließlich hielt der Zug, von einer Menschenmenge erwartet, neben einem lang gestreckten Gebäude. Fast alle Reisenden verließen den Zug, Menschen fielen sich um den Hals, andere riefen nach Trägern oder strebten umgehend dem Ausgang zu. Gleichzeitig schoben und drängten neue Fahrgäste in den Zug hinein.

Einige Stunden später saßen sie im Sprechzimmer des Arztes. Er hatte ein rundes, freundliches Gesicht und Lachfalten um die Augen. Merkwürdig, dachte Margarete, der Vater und fast alle Männer in Giengen hatten schmale Lippen wie ein Strich; seine Stimme tönte jedoch aus einem Mund mit breiten, roten Lippen. Aber das sagte sie natürlich nicht. Die Mutter sollte sich für ihre Tochter nicht schämen müssen.

Doktor Werner begrüßte sie freundlich. »Keine Angst. Ich werde dich jetzt untersuchen. Aber es tut nicht weh.«

»Angst hab ich nicht«, meinte Margarete. »Untersuchungen kenn' ich.«

Der Arzt lachte. »Schön, da haben wir ja eine erfahrene Patientin.«

»Sie ist manchmal ein wenig vorlaut«, erklärte die Mutter verlegen.

»Ach was, so ein geöltes Mundwerk kann die Margarete im Leben gut gebrauchen. Und frech bist du ja nicht, oder?«

»Manchmal schon.« Jetzt war Margarete verlegen.

»Aber offen und ehrlich … Na, dann wollen wir mal.« Zu ihrem Erstaunen schaute sich der Arzt nicht nur die Beine und den Arm an, hob sie hoch, bewegte sie hin und her, sondern er fragte auch nach der Schule, den Geschwistern, ihrem Leiterwagen und den Spielen. Margarete erzählte gern, wenn sie auch spürte, dass es der Mutter nicht recht war.

»Jetzt ist es genug, Gret. Der Herr Doktor hat noch andere Patienten, die will er auch heute untersuchen.«

»Lassen Sie nur, Frau Steiff. Ich muss möglichst viel über das Kind wissen. Und es ist ja schön, wenn eins so aufgeweckt ist.«

»Werden Sie sie operieren?«

»Da muss ich sie erst ein paar Tage beobachten. Ich denke, ich nehme Ihre Tochter als Hausgast zu mir in Pension. Da sehe ich sie regelmäßig, und meine Kinder freuen sich über eine Spielgefährtin.« Und zu Margarete gewandt fuhr er fort: »Jetzt müssen wir erst mal einen Rollstuhl für dich finden. Du musst auch noch gewogen und gemessen werden. Dann kann eine der Wärterinnen dich in meine Wohnung fahren. Das Gepäck lasse ich später hinbringen. Es ist nicht weit. Ich hoffe, Frau Steiff, Sie fahren jetzt beruhigt heim. Wir kümmern uns um Ihr Kind.«

Mit einem so raschen Abschied hatten freilich weder Mutter noch Tochter gerechnet.

Margarete versprach brav und tapfer zu sein. »Mutterle, du brauchst dir keine Sorgen zu machen«, versuchte sie die Mutter zu trösten. »Ich hab es gut hier.« Aber als die Mutter endgültig durch die Tür verschwand, spürte sie doch einen Kloß im Hals.

Vorsichtig strich Margarete mit der gesunden Hand über den glänzenden rosa Stoff. Die Wärterin hatte sie hier in Werners guter Stube auf dem gepolsterten Sofa einfach abgesetzt. Niemals hätte die Mutter zugelassen, dass man sie auf ein so vornehmes Möbelstück setzte. Margarete zog die Hand erschreckt zurück, besah ihre Finger und schnupperte. Der schwarze Rauch der Eisenbahn war noch da. Und bestimmt saß der dunkle Staub auch in ihrem Kleid. Wenn das einen Fleck gab! Aber sie konnte nicht weg.

Frau Werner reichte ihr zur Begrüßung die Hand, die Margarete mit ihrer schmutzigen Hand nur zögerlich ergriff. Sie wollte wissen, wie sie heiße und woher sie komme, ob sie Hunger oder Durst habe. Als sie die Verlegenheit des Mädchens bemerkte, fragte sie, ob Margarete sich auf den Fußboden hinunterlassen wolle.

Sie nickte, blieb aber kerzengerade sitzen.

»Nur zu, hier ist es blitzesauber. Auch unsere Kinder spielen am liebsten auf dem glatten Holzboden. Dort rutscht es sich gut.«

Inzwischen hatten sich die Töchter der Familie um sie versammelt, streckten ihr Hände hin und nannten ihre Namen: Maria, Martha, Debora und Lydia. Der kleine Bruder, Hermann, holte sogar sein Holzpferd auf Rädern und zeigte, wie er es an einer Schnur ziehen konnte. Auf dem Boden saßen noch zwei Buben, Hans und Ludwig. Hans hatte einen Klumpfuß; was Ludwig fehlte, war auf den ersten Blick nicht zu erkennen.

Die älteste Tochter, Maria, brachte ihr ein Glas Wasser. Martha, die etwas jünger sein mochte als Margarete, meinte, sie hätten gerade angefangen, mit ihrem Piratenschiff den Ozean zu überqueren. Aber heute sei Windstille, und die Seeleute müssten rudern. Verstärkung könnten sie also gut gebrauchen.

Margarete blickte unsicher von den Mädchen zu Frau Werner, die aufmunternd nickte. »Ich kann nicht rudern, mein rechter Arm ist auch lahm«, erklärte sie.

»Dann bist du der Steuermann. Da kannst du hinter den anderen herrutschen. Nach meinen Kommandos ziehst du das Ruder nach links oder rechts, das heißt, du richtest die Beine etwas nach rechts oder links aus. Das geht doch?«

Margarete nickte. Der Ozean, in den sie sich vorsichtig hineingleiten ließ, war eine riesige hellglänzende Fläche, die sich über zwei große Zimmer erstreckte. Ein offener Durchgang verband die Räume. Die anderen Kinder saßen bereits im Schneidersitz hintereinander, hoppelten und rutschten geschickt vorwärts, wobei sie sich im Takt der Ruder auch mit den Händen abstießen. Margarete musste sich anstrengen, um mitzukommen. Sie zog sich mit dem linken Arm durchs gesamte Zimmer, durch die Meerenge von Gibraltar, wie Martha kommentierte, sogar um gefährliche Riffe herum – das waren der Tisch und die Stühle. Bis Ludwig plötzlich rief, ein Sturm komme auf das Schiff zugerast und sie würden alle über Bord gehen. Die Kinder fingen sogleich an zu stöhnen und zu klagen, ließen sich seitwärts vom Schiff rollen, strampelten in der bewegten See herum und schrien laut um Hilfe.

»Ruhe!«, forderte Kapitän Martha. »Keine Panik. Ich sehe Land am Horizont. Wir werden dorthin um die Wette schwimmen. Aber Achtung: Alle müssen sich genauso bewegen wie die Gret. Nur der linke Arm darf zum Ziehen benutzt werden. Wer zuerst an der Chaiselongue anschlägt, hat gewonnen. Achtung, fertig, los.«

Margarete fühlte, wie ihr die Röte ins Gesicht stieg. Die *Schäslon* – das musste das vornehme rosa Sofa am Ende des Zimmers sein. Das konnte sie schaffen.

Alle hatten verschwitzte, rote Köpfe, als Martha und Margarete fast gleichzeitig am Sofa anschlugen. Margarete vielleicht einen Augenblick früher. Die Kinder klatschten. Auch Maria, die bereits den Tisch deckte. Sie rief zum Essen, klopfte Margaretes Kleid ein wenig aus und hob sie mit Martha zusammen auf einen Stuhl. Dann reichte Maria ihr ein nasses Tuch, mit dem sie sich die Hände abwischen sollte, während sie die anderen Kinder zum Händewaschen hinausschickte. Auch Hans und Ludwig machten sich humpelnd auf den Weg. Es gab eine Suppe und sogar ein kleines Stück Fleisch zum Gemüse, anschließend noch einen Apfel. Ein Festtagsessen!

Am Abend im fremden Bett konnte Margarete nicht schlafen. Du liebe Zeit, wo war sie nur hingeraten? Die Werners waren merkwürdige Leute, über die man in Giengen nur den Kopf schütteln würde. Ihre Schleife fiel ihr wieder ein. So ein schönes Geschenk ... und sie hatte nicht darauf aufgepasst. Ob die Mutter sie auf der Heimreise finden würde?

Ganz allein war sie noch nie irgendwo gewesen. Was die Mutter jetzt wohl machte? Ob sie schon in Süßen auf den Omnibus wartete? Was hatte sie nicht alles an diesem einen Tag erlebt – mehr als sonst in einem ganzen Jahr. Erst die Fahrt mit der Bahn! Wenn sie die Augen schloss, konnte sie das Ruckeln noch im ganzen Körper spüren. Sie hörte die Pfeife der Lokomotive, roch den Qualm. Wenn sie die Augen öffnete, verschwand der Spuk. Dann roch es nach dem fremden Haus der Werners – irgendwie schien jedes Haus seinen eigenen Geruch zu haben. Sie hörte Geräusche, die sie sich nicht erklären konnte: ein Knacken, manchmal ein Zischen in der Wand und den Atem von Lydia und Maria, in deren Zimmer sie lag. Arme und Beine taten weh, eigentlich auch der Bauch, der Rücken, die Schultern ... Wenn die Eltern wüssten, dass sie hier den ganzen Tag auf dem Boden herumgerutscht war! Ach, die Eltern! Sie wartete auf das Heimweh, das sich nicht meldete. Sie war zu müde und zu aufgeregt.

Spaziergang im Park

Doktor Werner atmete tief durch. Nach der täglichen Sprechstunde in der Strafanstalt fühlte er immer die gleiche Erleichterung, diesen Ort wieder verlassen zu dürfen. Kahle Wände, endlose Gänge, überall bewaffnetes Wachpersonal, Schlüssel, die sich im Schloss drehten, Türen, die sich öffneten, aber hinter ihm wieder abgeschlossen wurden. Schmutz, Gestank, graue Hässlichkeit, eine Verwahrlosung des Gebäudes, die allein schon unerträglich war.

Seine Schritte hallten auf den Gängen; aus den Arbeitshallen, in denen die Einsitzenden bis zu vierzehn Stunden arbeiteten, hörte er das endlose, immer gleiche Klappern der Webstühle. Manchmal auch Schreie, wuterfülltes Kreischen, dumpfe Tierlaute, Beschimpfungen, gottlose Flüche und die scharfen Kommandorufe der Aufseher, die oft genug einen der Häftlinge, der sein Soll nicht erfüllte oder laut schimpfte, ergriffen und wegschlossen. Die hier einsaßen, waren zum Teil Sträflinge, brutale Kerle, deren gemeine Stimmen ihn verfolgten. Man konnte froh sein, dass sie eingeschlossen waren, die Bevölkerung vor ihnen geschützt war. Aber es gab auch Menschen hier, deren Vergehen darin bestand, dass sie ohne Arbeit und Wohnrecht durchs Land gestreunt und von den Ordnungsbehörden aufgegriffen worden waren. Vielleicht hatten sie auch etwas zu essen gestohlen. Wie sollten die sich hier bessern? Er atmete auf, wenn er das Treppenhaus passiert hatte.

Die Kranken, die in sein Zimmer schlurften oder im Krankensaal lagen, waren apathisch, stierten ihn an, verstanden oft nicht, was er von ihnen wollte. Immer in Abwehr, sofort bereit zuzuschlagen. Alles, was Menschen ausmachte, schien ihnen zu fehlen. Aber er hatte verstanden, dass sie gefühllos und grausam waren, weil ihnen das Leben nichts anderes entgegengebracht hatte. Viele waren schon als Kinder für Verbrechen abgerichtet worden, halbtot geschlagen von Eltern, die im Suff zu vergessen suchten, was das Leben ihnen antat. Der Pauperismus, das Massenelend – es zog immer weitere Kreise. Die Straßen waren voller Bettler, Obdachloser, Menschen ohne Arbeit, Haus und Heimatrecht. Gott? Von dem hatten die meisten wenig gehört. Höchstens von einem Gott der Reichen und Erfolgreichen.

Die Freundlichkeit des Arztes war ihnen völlig fremd, erzeugte Misstrauen. Mancher hielt sie für einen besonders abgefeimten Hinterhalt. Dann blitzte es beängstigend in den stumpfen Augen auf. In solchen Augenblicken würde er sich am liebsten in ein Mauseloch verkriechen. Er fürchtete, sich in diesem Abgrund von Schlechtigkeit und Verworfenheit zu verlieren. Wie konnte Gott so etwas zulassen? Waren die Gefangenen nicht auch seine Geschöpfe?

Doch wenn er sich zusammenriss, von den eigenen Zweifeln abließ, dann spürte er zuweilen, dass auch diese Menschen eine Seele hatten und dass er diese Seele einen Spalt weit öffnen konnte.

Er seufzte erleichtert. Für heute war er diesem Sumpf entronnen, die hohen Mauern blieben hinter ihm. Wenn ihm jetzt nicht noch ein Trupp von Straßenarbeitern auf ihrem Heimmarsch in die Anstalt begegnete. Männer, die sich nach den Kommandorufen der bewaffneten Aufseher bewegten, gleichzeitig das rechte Bein hoben und wieder absetzten, dann das linke. Ein Trupp entkräfteter Gestalten, die jede Schlacht verloren hatten.

Bevor Doktor Werner sich seinen übrigen Tagespflichten widmete, brauchte er einige Augenblicke für sich. Er wollte einige Schritte durch den Park gehen, sich besinnen. Gottes Schöpfung konnte so schön sein!

Hinter der schmiedeeisernen Eingangspforte empfing ihn eine andere Welt. Die hohen alten Bäume ließen reine Luft auf ihn herabrieseln. Wie Säulen strebten die Stämme hoch, das Blattwerk wölbte sich schützend über ihm und bot Vögeln, Eichhörnchen und anderen Tieren Lebensraum. Am Boden Büsche, Gras, Blumen, Farne. Er sog den würzigen Geruch von Pilzen ein. Es roch nach Leben und Verwesung.

Rasch schritt er aus. Heute suchte er den Anblick einer Buche, die am Ende des Parks allein auf einer Wiese stand. Ungeachtet allen eitlen Treibens der Menschen stand sie da, breit ausladend, hochstrebend und doch fest in der Erde verankert. Verlässlich, jeden Tag. Sonne und Wind, Schnee und Hitze konnten ihr Aussehen verändern, aber ihr nichts anhaben. Sie strahlte Gelassenheit aus, fast so etwas wie Vollkommenheit; in ihrem Schatten glaubte er Gott nahe zu sein.

Der alte Herzenszwiespalt, der Unglaube in ihm, der ihn bekümmerte, gegen den er jedoch nicht ankam. Hatte Gott ihn nicht immer geleitet und ohne sein eigenes Wirken Wege angewiesen, ihm eine Lebensaufgabe geschickt, die seinem Dasein Sinn und Ziel setzte? Allein diese größere Aufgabe befähigte ihn, die Stunden im Arbeitshaus auszuhalten, mit denen er sich und seine Familie ernährte.

Warum musste er sein Verhältnis zu Gott immer wieder in Frage stellen? Sich selbst in Kümmernis stoßen, obwohl er wusste, dass auf jede Nacht ein Tag folgte? In seiner Jugend hatte er Landmann werden wollen, dann Pfarrer. Schließlich war ihm durch die Krankheit seiner Schwester bewusst geworden, dass er Menschen heilen wollte. Gott hatte ihm die Liebe zu den Menschen und zur Natur eingepflanzt, was beides für den Arzt oft so viel wichtiger war als die Arzneien, die er verschrieb.

In seiner Jugend hatte er viel erleben dürfen, war in der freien Natur gewandert, hatte mit seinen Kameraden lange

Gespräche über den Sinn des Lebens geführt, sich zum Missionar berufen gefühlt. Doch dann hatte er von den kranken Kindern der unteren Schichten gehört, um die sich niemand kümmerte, und sofort gewusst, was seine Lebensaufgabe war.

Von Anfang an hatte er für seine Kinderheilanstalt viel Unterstützung gefunden, Freunde, die Geld liehen, Spender. Schwierig war es jedoch gewesen, ein passendes Haus für die Kinder zu finden. Kranke Kinder waren den Leuten suspekt, die wollte niemand sehen. Die meisten glaubten, jeder Mensch müsse nützlich sein, selbst fürs tägliche Brot arbeiten können. Aber warum hatte Gott die bunten Schmetterlinge und Blumen geschaffen? Zu seiner Freude? Dann hatte auch das Leben dieser kranken Kinder einen Sinn. Denn wenn man sich um sie kümmerte, ihnen zeigte, dass man sie als Geschöpfe Gottes annahm, blühten sie auf. Bei den meisten war nicht nur der Körper krank, sondern auch die Seele hatte Schaden genommen; sie fühlten sich minderwertig und schuldig an ihrer Krankheit.

Das Kind gestern Morgen, die kleine Margarete, führte ein jämmerliches Leben. Und trotzdem steckte sie voller Kraft und Lebensfreude. Er hatte sie am Abend beim Spiel mit seinen Kindern genau beobachtet. Die hatten Erfahrung mit fremden Kindern, aber so schnell hatte sich selten eines eingelebt. Ihre Fröhlichkeit steckte an und dazu hatte sie einen Blick für die Nöte der anderen. War sofort da, als der kleine Hermann stolperte! Er hatte sich rasch von ihr trösten lassen, obwohl er sonst gern jämmerlich weinte. Margarete würde eine gute Ärztin werden, wenn … ja, wenn … Ach, die Leute hatten schon recht, er war ein Träumer! Das Kind war krank, ungebildet, ein Mädchen, stammte aus einer einfachen Familie … In dieser Welt waren ihr alle Wege verschlossen. Vielleicht konnte er ihr ein wenig helfen. Viel konnte er nicht tun. Aber er würde es versuchen.

Doch wenn es misslang? Wenn sie genauso krank heimkehrte, wie sie hergekommen war? Würde sie es dann nicht noch schwerer haben? Würden die Eltern ihr Vorwürfe machen, weil die Behandlung so viel Geld gekostet hatte? Trotzdem. Es lag in Gottes Hand. Ihm musste er die Entscheidung überlassen. Er würde sie weiter beobachten. Vielleicht war eine Operation möglich.

Vielleicht würde auch einer dieser monströsen Apparate helfen, die er im letzten Jahr als große Neuheit auf der Weltausstellung in Paris gekauft hatte. Sie hatten zwar viel Geld gekostet, aber so ganz traute er ihnen nicht. Die ganze Ausstellung war voller technischer Neuheiten gewesen. Maschinen, Geräte, die für alles und jedes gut sein sollten. Die Welt schien einem technischen Fortschrittsglauben zu verfallen, der an Wahn grenzte und dazu überheblich war. Die Eisenbahn ließ er sich ja gefallen, aber bei seinen Kindern vertraute er doch mehr auf Liebe, Verständnis und gute Pflege. Schon mit besserer Kost oder ein paar guten Schuhen war manchem geholfen.

Freude am Leben, die wollte er weitergeben. Und dazu gehörte auch das Wort Gottes, das er den Kindern nahezubringen versuchte. Manche Kollegen lachten über seine Erbauungsstunden, doch ihn störte das nicht. Wenn die Kinder erfuhren, dass Gott sich auch um sie kümmerte, begannen sie sich selbst zu trauen. Deswegen ließ er sie unterrichten. Medizinische Hilfe musste auch immer Lebenshilfe sein.

Er hatte bald gewusst, dass das Heim in Ludwigsburg nicht reichte und sich nach einem zweiten im Schwarzwald umgesehen. Die häufigen Transporte der Kinder nach Wildbad waren zwar etwas umständlich, brachten den Kindern jedoch Abwechslung. Und – er schmunzelte – sie gaben auch ihm die Gelegenheit, häufig aus Ludwigsburg herauszukommen. Das Baden tat ihnen allen gut. Das Wasser war heilkräftig und das Herumtollen wirkte wahre Wunder. Was gab es Herrlicheres auf der Welt als ein Kinderlachen?

Die Operation

Vor der Operation hatte sie eine Heidenangst. Dass der Wundarzt an ihrem Fuß herumschneiden würde, machte ihr weit weniger aus als die Ankündigung, dass sie mit Chloroform zum Schlafen gebracht werden sollte. Chloroform – wie sich das anhörte.

Als man ihr ein Tuch, das mit dieser merkwürdigen Flüssigkeit getränkt war, vors Gesicht hielt, hätte sie am liebsten geschrien. Das Zeug stank furchtbar, und während Margarete es einatmete und dabei zählte, stach es ihr wie Messer in Nase und Hals. Sie wollte sich wehren, konnte sich aber nicht mehr bewegen. Jetzt war sie am ganzen Körper gelähmt!

Danach wusste sie nichts mehr. Von der Operation hatte sie nichts gespürt, aber hinterher war ihr so scheußlich zumute, und zwei Tage lang konnte sie das Essen nicht bei sich behalten.

In den folgenden Tagen tauchte immer kurz vor dem Einschlafen der Chloroformgestank wieder auf und erfüllte sie mit Angst. Wenn sich im Schlaf die Lähmung doch weiter ausbreitete? Die Pflegerinnen versuchten sie zu beruhigen, gaben ihr schließlich einen Saft, der sie ruhiger schlafen ließ.

Nun hieß es geduldig sein, denn Margarete sollte das Bett hüten, bis die Operationswunde verheilt war. Aber Doktor Werner sorgte für Abwechslung: Eine der Wärterinnen sprach Englisch, und der Arzt hatte sie angewiesen, die Kinder darin zu unterrichten. Wer mit den Beinen schlecht zurecht sei, müsse mit dem Mund umso geschickter werden, hatte er erklärt.

Wie merkwürdig die Engländer sprachen! An dem »R« und dem »Th« verrenkten sich die Kinder fast die Münder und lachten, bis die Lehrerin sie zur Ordnung rief. Margarete beherrschte die Laute als Erste. Kein Wunder, denn die anderen Kinder waren alle jünger als sie und viele von ihnen hatten ständig Schmerzen. Bald konnte sie ein paar Sätze und Reime sagen und damit die anderen wieder zum Lachen bringen, wenn sie abends ihr Heimweh in die Kissen weinten. Dann verschwand auch ihre eigene Angst. Sie übte die Worte und Sätze häufig noch spät unter der Decke, wenn die Kleineren längst eingeschlafen waren.

> *Kate's new doll has curly hair,*
> *Face and hands so pink and fair;*
> *Bluer eyes you've never seen,*
> *And her name is Clementine.*

Clementine, Clementine. Sie stellte sich die Puppe vor: mit langem blondem Haar, das sie mit einer silbernen Bürste kämmte; ein Gesicht aus feinem Porzellan, in einem hellen rosa Gesicht mit roten Apfelbäckchen. Ein gelbes Kleid mit Rüschen und Schleifen. Und die blauen Augen strahlten. Kein Wunder, sie waren aus Glas und so hellblau wie die Glasmurmel, welche die kleine Wilhelmine im Nachbarbett für die Reise geschenkt bekommen hatte. Eine Zaubermurmel, die ihr abends im fremden Bett die Angst nehmen sollte. Manchmal legte sie die Murmel neben sich ins Bett, und wenn sie gerade besonders guter Laune war, reichte sie die kleine Kugel auch zu den anderen Betten hinüber: »Vorsicht, lass sie bloß nicht fallen!« Aber dann war sie schrecklich aufgeregt, und niemand traute sich, sie lange zu behalten.

Manchmal erzählte Margarete Geschichten – sie wunderte sich selbst, was ihr alles einfiel – oder sie beschäftigten sich mit Ratespielen. Trotzdem waren die Tage im Bett unendlich lang. Und das, nachdem sie bei den Werners so viel hatte herumrutschen dürfen.

Endlich waren die Wunden der Operation verheilt. Doch mit dem Laufen wurde es immer noch nichts, jedenfalls nicht sofort. Das operierte Bein kam erst einmal in einen Gips. Der freundliche Doktor Werner verlangte viel Geduld von seinen kleinen Patienten.

Wieder gab es einen nächtlichen Aufbruch. Eine Reise war angesagt: Die Kinder sollten sich im Schwarzwald erholen und zu Kräften kommen. Wie das klang: *Schwarzwald*. Dunkel, geheimnisvoll, unheimlich. Die kleineren Kinder weinten, als sie aus dem Schlaf geholt und in den Wagen verladen wurden. Margarete tröstete die kleine Sophie, die Schmerzen in den Hüften und hohes Fieber hatte. Vertrauensvoll legte die Fünfjährige ihre Hand in Margaretes. »Bald geht es uns besser«, flüsterte diese.

Fast alle Kinder waren wach, seit es hell geworden war und die Berge hoch um sie aufragten. Schließlich tauchten sie in dunkle Wälder ein mit weit ausladenden Tannen, deren Spitzen irgendwo weit über ihnen endeten.

Margarete hielt sich mit der linken, gesunden Hand an dem Griff neben ihr fest. In Wildbad, im Haus Herrenhilfe, sollte sie ihre Beine stärken – die ungeübten Muskeln, die nach der Operation zwar bewegt werden konnten, aber völlig kraftlos waren. Der Wundarzt habe einige Sehnen durchtrennt, die den Fuß in die falsche Richtung zogen, hatte Doktor Werner ihr erklärt. Der Gips war bereits ab, das Bein steckte allerdings noch in einer unförmigen Schiene, um es in die richtige Haltung zu bringen. Sie fühlte sich wie angebunden in dem Ding.

Vor Kurzem hatte die Mutter ein Kleid geschickt – das gute, neue hatte sie beim Rutschen auf dem Boden zerschlissen. Frau Werner, die den Kindertransport begleitete, saß neben ihr, über das Kleid gebeugt. Mit Nadel und Faden versuchte sie zu retten, was zu retten war. Das neue Kleid war in Wirklichkeit ein altes, wahrscheinlich von Christine Klingelmüllerin, und an den Ärmeln viel zu eng.

Bestimmt hatte sich die Mutter über den Brief von Frau Werner, dass Margarete ein neues Kleid brauche, aufgeregt. Wenn die wüsste, was mit dem alten geschehen war! Aber Werners fanden es selbstverständlich, dass die Kinder auf dem Boden herumrutschten. Sie waren in vielen Dingen ganz anders. Manchmal zog der Herr Doktor seinen dicken, mit schwarzem Wollpelz gefütterten Schlafrock falsch herum an, brummte wie ein gewaltiger Bär und jagte die Kinder auf allen vieren durch das Zimmer. Der kleine Hermann durfte dabei auf seinem Rücken reiten. Dann schrien alle vor Vergnügen. In Giengen würden die Leute sagen: »Närrisch!«

Weil ich Jesu Schäflein bin,
freu ich mich nur immerhin
über meinen guten Hirten,
der mich schön weiß zu bewirten ...

Die Lieder, die bei Familie Werner gesungen wurden, wollten Margarete nicht aus dem Kopf. Der Tag begann dort regelmäßig mit einer Andacht. Frau Werner begleitete die Lieder auf dem Harmonium, die älteren Kinder lasen einen Abschnitt aus der Bibel, dann wurde gebetet.

Bei den Steiffs zu Hause wurde auch nach dem Abendläuten gebetet: Es waren in Reime gefasste Bitten, die man gemeinsam aufsagte, zum Schluss noch das Vaterunser. Margarete hatte sich bis jetzt nie viel dabei gedacht. Beten gehörte einfach zum täglichen Leben, Gott war so etwas wie ein gestrenger Herr, der von oben aufpasste, ob die Kinder brav waren.

Hier war das anders. Beim Beten erzählte der Herr Doktor manchmal von seinen eigenen Kindern; gestern hatte er von Gottes Sohn gesprochen, der auf der Erde als Mensch gelebt habe, als Sohn eines Schreiners, dem er in der Werkstatt geholfen habe, wie Kinder ihren Eltern eben helfen. Auf einer Reise nach Jerusalem war er plötzlich verschwunden, und seine Eltern hatten ihn erst nach langem Suchen im Tempel wiedergefunden, wo er unter den Schriftgelehrten saß und Fragen stellte. Als die Mutter ihm Vorwürfe machte, gab er eine seltsame Antwort: »Wisst ihr nicht, dass ich sein muss in dem, was meines Vaters ist?« Diese Antwort verstanden auch die Eltern nicht, denn niemand wusste, dass dieses Kind einen besonderen Auftrag von Gott hatte. Als Erwachsener zog er predigend durchs Land, und am Ende wartete das Kreuz auf ihn. Aber er habe Angst davor gehabt wie jeder Mensch und sich dieser Angst nicht geschämt.

Auf einmal erwähnte der Herr Doktor Margarete. Sie erschrak. Was hatte ihr Name in der Andacht zu suchen? Verlegen senkte sie den Kopf.

Doktor Werner erklärte, sie sei ein mutiges, tapferes Mädchen und habe einen schweren Weg vor sich. Dafür brauche sie Gottes Hilfe ganz besonders. Gott tue es weh, wenn ein Mensch leide. Aber er nehme trotzdem das Leid nicht immer weg, sondern verfolge damit besondere Absichten. Was Gott mit ihr, Margarete, vorhabe, das müsse sich noch zeigen. Aber *dass* er etwas mit ihr vorhabe, sei sicher. Deswegen wollten sie jetzt gemeinsam um seine Hilfe für sie bitten.

> *Indessen muss sich alles dulden,*
> *auch manches ohne sein Verschulden;*
> *dafür erlangt es Herrlichkeit.*
> *Die Welt wird paradiesisch blühen*
> *und lauter Sonnenkraft anziehen*
> *wie aus dem Meer der Seligkeit.*

Während alle sangen, spürte Margarete Tränen über ihr Gesicht laufen. Plötzlich heulte der kleine Hermann laut los.

»Was ist denn?«, fragte Frau Werner und nahm ihn auf den Schoß.

»Gretle weint auch«, schluchzte er und zeigte auf sie. Da mussten alle lachen – auch Margarete. Mitten in den frommen Gesang hinein.

Sie sollte mit den anderen Kindern ins Heilbad, ins Katharinenstift, der Badeanstalt für die einfachen Leute! Jeden Tag! Oh, war das herrlich. Und sie würde im Haus Herrenhilfe wieder mit Maria Werner das Zimmer teilen dürfen.

Die Kinderheilanstalt Herrenhilfe lag am Ortsrand von Wildbad, ein lang gestreckter Bau mit bunten Fensterläden. Im Garten wurde an einer Seite Gemüse angebaut, sonst blühten überall viele Blumen und eine Obstwiese bot Platz zum Spielen. Das hinterm Haus sanft ansteigende Gartengrundstück wurde weiter oben vom Wald begrenzt.

Zum Abendessen gab es eine Gemüsesuppe und dann einen Pfannkuchen, dazu Salat. Margarete hatte einen Riesenhunger – kein Wunder: Reisen im Pferdewagen und die frische Luft machten hungrig. Und wie das schmeckte! Fast noch besser als bei Werners. Als sie ihren Teller leer gegessen hatte, kam eine der Küchenfrauen mit einem Berg Pfannkuchen in den Saal und fragte, wer noch einen möchte. Bevor Margarete irgendetwas sagen konnte, hatte sie bereits ein dickes, fettes Ungetüm auf dem Teller liegen.

»Du siehst so aus, als ob du noch einen vertragen könntest«, lachte die Frau. »Schön, dass sie euch gut schmecken. Da macht das Kochen Spaß.« Der Pfannkuchen duftete herrlich und war goldgelb gebacken, so viele Eier waren darin. Margarete leerte den Teller bis auf den letzten Rest.

Nach dem Essen durften alle Kinder noch hinter dem Haus

die Wiese hoch bis an den Waldrand laufen. Keines konnte das ohne Schwierigkeiten, etliche humpelten, manche krabbelten auf allen vieren. Margarete und vier andere wurden im Wagen hochgeschoben und oben ausgeladen, während der Eichelhäher die Bewohner des Waldes mit wüstem Gekrächz vor den Eindringlingen warnte. Ein wenig erschrocken lagerten die Kinder auf der frisch gemähten Wiese, eingehüllt von der warmen Sommerluft, die nach Heu und Tannen duftete.

Irgendwann beendete der Eichelhäher sein warnendes Krächzen, die Amseln schetterten noch ein wenig weiter, dann begannen sie in süßen Tönen zu flöten. Aus den Büschen am Ende der Wiese stieg der Gesang einer Grasmücke auf, die atemlos, sich fast überschlagend, schnabbelte und trillerte. Die Kinder lauschten. Schließlich begann Maria Werner zu singen, was die Amseln noch weiter anspornte. Alle lachten und gaben sich Mühe, mit ihren Stimmen dagegenzuhalten.

Irgendwann rieselte vom Wald her kühlere, würzige Luft auf sie herab. Als die Kinder aufblickten, hatten sich die schattenspendenden grünen Tannen in dunkle Riesen verwandelt. Einige fürchteten sich, ein ganz kleiner Bub fing an zu weinen und wollte nach Hause. Maria nahm ihn auf den Arm und stimmte vor dem Heimweg ein letztes Nachtlied an. Als sie endlich ins Haus zurückkehrten war es schon fast dunkel.

Es dauerte eine ganze Weile, bis alle Kinder im Bett lagen, denn etliche konnten sich nicht allein ausziehen und waschen. Im Schlafraum bekam Margarete das Bett neben Maria zugeteilt, die noch ein paar Mal aufstehen musste, weil die kleine Sophie weinte.

»Bist du gern als Pflegerin für uns mitgekommen«, fragte Margarete flüsternd, als die Ältere endlich in ihrem Bett lag.

»Doch, schon«, antwortete sie. »Aber ich habe auch ein wenig Angst. Ich bin noch nie allein für die kranken Kinder verantwortlich gewesen.«

»Mich kennst du ja schon.«

»Ja, das ist schön. Und jetzt gute Nacht.«

»Mutter! Mutter!«

»Ist gut, ich bin ja bei dir.«

Die weinende Stimme der kleinen Sophie und die tröstende von Maria holten Margarete aus ihrem Schlaf. Auch Dorle wurde wach und fragte, ob sie schon aufstehen müssten.

»Schlaft weiter. Es dämmert gerade mal. Auch du, Sophie. Deine Mutter liegt jetzt zu Hause im Bett und träumt von ihrer lieben Sophie, die im Schwarzwald gesund wird.«

»Ich will zu ihr.«

Dorle fing jetzt an zu weinen. »Hinter den Fensterläden, da sitzt etwas Schreckliches. Ein Gespenst.«

»Hier gibt es keine Gespenster. Das ist nur ein Schatten … der schmilzt bald, wenn die Sonne aufgeht. Nachher, wenn ihr im Garten spielt, bist du wieder froh. Eure Eltern denken an euch. Sie freuen sich, dass es euch hier so gut geht und ihr gesund werden könnt.«

»Auch der Heinrich?«

»Natürlich. Auch dein großer Bruder.« Die Stimme von Marie wurde unsicher. Sie zögerte einen Moment. »Wenn ihr nicht brav schlaft, dann spüren das eure Eltern und sind traurig.«

Sophie flüsterte zitternd: »Ich will brav sein und meinen Eltern Freude machen. Das habe ich versprochen.«

»Siehst du. Du bist ein braves Mädchen.«

»Das will ich auch sein.« Dorle schluchzte noch einmal auf, bekam ein Taschentuch zum Naseputzen. Dann strich Maria beiden über den Kopf. »Ich gehe jetzt in mein Bett zurück und singe noch ein wenig das Schlaflied von gestern. Und wenn ich fertig bin, seid ihr eingeschlafen. Versprochen?«

»Versprochen«, flüsterte es zurück.

Erst jetzt spürte Margarete, dass auch ihre Augen nass waren. Verstohlen wischte sie sie mit dem Hemdsärmel trocken. Das durfte Maria nicht merken. Sie war hier schließlich die Große.

Am Morgen war Margarete früh wach und ausgeschlafen. Durch die Fensterläden drang warmes, gelbes Sonnenlicht und Vogelgezwitscher. Es würde wieder einen herrlichen Tag geben. Sie musste noch warten, bis alle aufstanden, aber solange würden ihr die Vögel schon die Zeit vertreiben. Sie kannte recht viele Vogelstimmen, hörte ihnen gerne zu. Sie hatten etwas Tröstliches, weil sie einfach drauflossangen. Wenn sie die Mutter gefragt hatte, warum die Vögel sangen, hatte sie nie eine Antwort bekommen.

Endlich hörte sie Maria Werner leise ein Gebet sprechen. Dann begrüßte sie freundlich die Mädchen und hob das Dorle aus dem Bett, um ihm am Waschtisch zu helfen. Der war also erst einmal besetzt. Die kleine Sophie hatte nur flüsternd auf den Gruß geantwortet, begann erneut zu weinen und bettelte um Wasser.

»Gretle, kannst du dich um Sophie kümmern? Ich kann jetzt hier schlecht weg.«

»Gern.« Margarete wälzte sich vorsichtig aus dem Bett, rutschte auf den Boden und kroch zu Sophie hinüber. »He, he, was ist denn? Hast du schlecht geträumt?«

»Ich will endlich nach Hause«, schluchzte Sophie. »Zu meinem Bruder und meiner Mutter. Hier bin ich so allein.«

»Ich bin doch bei dir und die Maria und das Dorle. Draußen scheint die Sonne. Wir dürfen bestimmt gleich in den Garten. Und du hast doch versprochen, dass du brav sein willst.« Sie wischte Sophie mit ihrem Ärmel über das heiße Gesicht.

»Warte, ich hole dir Wasser.« Margarete rutschte zum Tischchen hinüber, auf dem eine Karaffe mit Wasser stand. Vorsichtig richtete sie sich auf. Wenn sie mit der rechten

Hand das Glas hielt, konnte sie mit der linken ausschenken. Sie schaffte es, ohne etwas zu verschütten. Aber wenn sie das Glas jetzt mit der linken Hand hinübertrug ... Doch auch das gelang. Sie hoppelte aufrecht sitzend über den Boden, stützte sich ein wenig mit der rechten Hand ab, konnte es schließlich an Sophie übergeben, die gierig trank, während Margarete mit ihrer linken Hand den Kopf des Kindes stützte.

Nach dem Frühstück durften die Kinder im Garten herumtoben. Margarete blieb lieber auf der Terrasse. Bereits gestern Abend hatte sie einen Grasfleck auf ihr Kleid bekommen, und der Garten war noch feucht vom Tau.

Für die Fahrt ins Bad wurden die Kinder auf kleine Wagen geladen, jeweils von zwei Wärterinnen gezogen. Die Wagenkolonne erregte Aufsehen. Manche Leute blieben stehen und schauten sich den Zug an, andere drehten sich um und hasteten davon. Zuerst schämte Margarete sich, aber dann war ihre Neugierde auf die Menschen in diesem Ort stärker. Denn die sahen völlig anders aus als die Leute, die sie aus Giengen kannte.

Da ging ein Herr auf der anderen Straßenseite, steifer hoher Hut, eine braune kurze Jacke mit langen Schößen daran, gelbseidene Kniehosen mit dunkelbraunen Stiefeln. Und ein Kugelbauch, der wie ein Ball unter der Jacke hervorquoll. Als sie ihn überholten, kicherten zwei Kinder los – trotz Marias strafender Blicke.

Rasch schaute Margarete nach vorn. Eine Dame kam ihnen auf einem der schmalen roten Steinbänder entgegen, die durch das dunkle Pflaster der Straße zum Kurbad führten. Sie trug ein hellgrünes Kleid ... Aber nein, niemals hätte jemand in Giengen das als Kleid bezeichnet! Es war ein Stück dünner Stoff, der an ihrem Körper entlangfloss und dessen Formen nachzeichnete. Die Schuhe konnte man nicht sehen, denn der

Stoff reichte bis zum Boden, aber oben war der Hals ganz nackt – bis zur Brust hinunter. Auch die Arme waren nackt, oben herum jedenfalls. Unten trug die Frau weiße Handschuhe, die bis zu den Ellbogen reichten. Und der Hut! War es ein Hut? Das Gebilde auf dem Kopf konnten auch zwei weiß und grün ineinander verschlungene Schals sein. Vorne hatte sie einen glänzend bunten Federbusch hineingesteckt.

Maria knuffte sie in die Seite. »Starr die Dame nicht so an«, flüsterte sie. Aber da waren sie schon an dem vornehmen Kurbad vorbeigefahren. Ihr Ziel war das Katharinenstift, ein Bad für die einfachen Leute. Während die Kinder abgeladen wurden – Margarete musste noch einen Augenblick warten, bis sie hineingetragen wurde –, hörte sie plötzlich ihren Namen rufen. Hatte sie sich getäuscht? Aber nein, schon stand Herr Link, der Orgelbauer aus Giengen, vor ihr und reichte ihr die Hand.

»So was, auch das Gretle Steiff kurt in Wildbad. Da sind wir ja schon zwei Personen aus Giengen. Das ist schön. Na, hat es dir die Sprache verschlagen? Damit hast du wohl nicht gerechnet, in der Fremde gute Bekannte zu treffen? Aber meine alten Knochen können das Wasser hier gut vertragen. Jetzt wirst du wohl ins Bad getragen? Nun, da will ich nicht stören. Weißt du, ich komme dich einfach heute Nachmittag besuchen. Du bist doch in der Kinderheilanstalt Herrenhilfe, ja? Dann kannst du mir erzählen, wie es dir geht. Und ich bringe dir meinen Nachtisch mit. So viel süßes Kompott, wie ich im Gasthaus bekomme, kann ich gar nicht essen.«

Ich bin ein Fisch. Die Nixe, von der uns Maria gestern vorgelesen hat. Mein Element ist das Wasser. Wenn ich mich hineinlege, kann ich mit meinem Fischleib paddeln, den ganzen Körper aus der Hüfte schwingen, mit dem schuppigen Schwanz schlagen, nach rechts und links, oben und unten. So gleite ich durch das Wasser, mühelos, die Arme treiben dahin, ich lasse sie auch ein wenig paddeln oder spreize die Finger und spüre, wie mir Fischhäute wachsen. Aber ich bin nicht traurig wie die Nixe aus dem Märchen, ich will nicht das Leben der Menschen führen, ich bin ein Wassertier, leicht und geschmeidig. Und ich lerne jetzt Englisch. Dies ist mein Arm, das ist mein Bein. *This is my arm. That is my leg.* Das hört sich gut an.

Das Wasser ist warm und riecht ein wenig faulig, aber das macht nichts. Es ist der Geruch des Ozeans, auf dem ich allein dahintreibe, ohne Hilfe, denn ich brauche keine Hilfe, das Meer mag mich, es will mir nichts Böses tun, sondern mich tragen und mich wiegen. Ich schwimme. Es gibt keine kranke Gret, keine lahmen Beine. Die Beine sind stark. Sie werden immer länger.

I am a good girl.

Ich lege mich auf den Rücken, es genügt, mit den Füßen im Wasser zu patschen, um vorwärtszukommen. Bis eine Welle über mein Gesicht klatscht, ich Wasser schlucke, huste und pruste. Die anderen Kinder lachen. »Komm, Gretle, wir wollen spielen. Du kannst im Wasser auch laufen.«

Ich richte mich auf, der Holzring, in dem ich stecke, hält mich. Die Beine wollen nicht tun, was ich will, sie wollen zur Wasseroberfläche zurückkehren, aber ich schiebe sie mit den Händen nach unten. Schließlich berühren meine Füße den Sandboden. Sie stehen! Ich stehe im Wasser, recke mich einen Augenblick, aber die Beine steigen wieder nach oben an die Wasseroberfläche zurück. Langsam setze ich mich in Bewegung, rudere mit den Armen, lasse die Beine auf dem Wasser schwimmen. Es ist mühsam, die Arme beschweren sich, doch es geht vorwärts. Dass Wasser so schwer ist! Ich lege mich in den Ring, dort kann ich ausruhen. Er liegt sicher auf dem Wasser. Bis ich den Beckenrand erreiche und alle Kinder lachen und sich freuen.

»Du kennst doch alle Spiele, Gretle. Los, sag schon.«

Wieder daheim

Herbst 1857

Wieso hast du deine Arbeit nicht gemacht? Du hast höchstens zehn Reihen gehäkelt.«

»Weil dir meine Arbeit sowieso nicht gefällt.«

»Wenn du schon so schlau bist, solltest du besonders sorgfältig arbeiten.«

»Besonders sorgfältig reicht dir nicht.«

»Du liebe Zeit, hätten wir dich doch nicht in die Kinderheilanstalt geschickt. Und dann gleich zwei Sommer lang. Ein Wildbad und gutes Heilwasser haben wir in Giengen schließlich auch. Die letzte Reise hat dir gar nicht gutgetan. Seitdem ist nichts mehr recht und deine Leute passen dir auch nicht mehr. Wie kann man nur so unzufrieden sein? Du wirst aber in Zukunft mit uns vorliebnehmen müssen. Ich kann dir kein Leben im vornehmen Kurort bieten mit Fürsten und Kaisern, die Brezeln und Spielzeug verteilen.«

»Kein Kaiser, die Kronprinzessin Olga und die Fürstin von Galizien.«

»Du musst doch immer das letzte Wort haben. Woher du nur dieses Mundwerk hast?«

»Good morning, ladies and gentlemen. I have a big mouth. Vielleicht habe ich das zum Ausgleich für meine verkrüppelten Füße bekommen. My arms and legs.«

»Wenn du mit diesem Englisch anfängst, ist gar nicht mehr mit dir zu reden. Warum haben sie euch da nur solche Flausen in den Kopf gesetzt? Hier in Giengen ist das für rein gar nichts gut.«

»Sag's gleich: Das gute Geld des Stiftungsrats ist weg. Und gebracht hat's nichts. Ich bin immer noch ein Krüppel und hab' dazu noch Flausen im Kopf.«

»Gret, bitte, fang nicht so an. Sie haben es doch gern gegeben. Dass du enttäuscht und mutlos bist, ist ja verständlich. Aber wenn du so unzufrieden und frech bist, frag ich mich halt, ob wir dich nicht besser hierbehalten hätten. Sie haben euch dort so verwöhnt und Dinge erlaubt ... Ich versteh das einfach nicht. Und jetzt noch die Idee, Zither spielen zu lernen. Du hast solches Glück, dass es die Nähschule gibt, wo du alles lernen kannst, was du wissen musst. Und das auch noch umsonst.«

»Doktor Werner hat gesagt, ich wäre musikalisch. Und mit der Zither könnte ich die Geschicklichkeit meiner Finger verbessern. Das käme auch dem Häkeln zugute.«

»Verbessre du die Geschicklichkeit deiner Finger nur mit der Häkelnadel. Wie sich der Herr Doktor das vorstellt ... Der scheint sich um Gelddinge keine Sorgen machen zu müssen. So teuer, wie die Kur war.«

»Mutterle, das stimmt nicht. Das Haus, die Fahrten, das gute Essen, das Baden, das hat doch schrecklich viel Geld gekostet. Der Herr Doktor versorgt in der Strafanstalt in Ludwigsburg die Kranken, damit das Geld für die Herrenhilfe reicht. Die Werners arbeiten alle für die kranken Kinder, auch Frau Werner und die Töchter. Ich hab Frau Werner mehr als einmal klagen hören, dass ihr Mann alles Geld für seine Kranken ausgibt. Und bei fast allen anderen Kindern hat die Kur angeschlagen. Bei einem Mädchen war die ganze Krankheit weg, einfach so weg. Das war nicht alles unnütz, was die mit uns gemacht haben. Und dann die teuren Apparate. Aus Paris. Die haben krumme Füße gerade gemacht. Nur eben nicht bei mir.«

»Ist schon gut, ich will ja gar nichts gegen die Werners sagen. Nur musst du lernen, dass das Leben in der Heilanstalt und dein Leben hier verschiedene Dinge sind. So ein Doktor lebt in anderen Kreisen. Der hat andere Vorstellungen vom Leben. Aber du musst jetzt an deine Zukunft denken und die liegt hier im Nähen und Häkeln.«

»Und genau das kann ich nicht. Wenn du doch nur einmal am eigenen Leib spüren müsstest, wie mühselig das für mich ist. Wie schnell mir der rechte Arm schmerzt und wie mühsam es mit links geht. Ich bin eben zu nichts nütze. Du weißt nicht, wie es ist, wenn man den ganzen Tag über etwas tun muss, was man nur falsch machen kann.«

»Niemand kriegt etwas geschenkt, Gret. Auch die anderen nicht. Glaubst du, die Marie wird sich freuen, wenn sie nach der Konfirmation in Stellung muss? Aufs Härtsfeld, ganz allein bei fremden Leuten schaffen, von morgens bis in den Abend, solange Arbeit anfällt? Meinst du, die lass ich gern gehen? Jetzt versuch's noch ein Stündle.«

»Wenn es denn sein muss. Kann ich dann morgen zu Tante Apollonia?«

»Was du nur an der Mühle für einen Narren gefressen hast? Aber gut, wenn du über dem Geratsche mit deiner Base deine Häkelei nicht vergisst.«

»Die Marie muss auch nähen. Zu zweit schafft es sich besser.«

»Ich geh noch kurz aufs Feld. Wenn ich zurückkomme, bist du hoffentlich fertig.«

»Ja, sicher.«

Dieser blöde Häkellappen. Als wenn ihr Glück davon abhinge! Hässlich und krumm wurden die Dinger und was konnte man schon damit anfangen? Wenn sie dagegen an die Kleider der feinen Damen und Herren in Wildbad dachte … Wer wohl etwas so Kunstvolles nähen konnte? Selbst das Leinenzeug, das die Herzogin Henriette von Kirchheim und Teck ihnen in die Anstalt gebracht hatte! Weich und kühl war es gewesen. Sie hatte ein eigenes Bett gehabt und eines dieser Leintücher ganz für sich allein.

Die Herzogin hatte ihnen erzählt, dass sie das Tuch von armen Leuten weben und nähen ließ, die so ihren Unterhalt verdienten. Den Kindern schärfte sie ein, sie sollten jede Gelegenheit zum Lernen nutzen. An solche Häkellappen hatte sie dabei aber sicher nicht gedacht!

In Wildbad war immer etwas los gewesen. Im ersten Sommer hatte der nette Herr Link ihr des Öfteren seinen Nachtisch gebracht, zu all dem guten Essen noch dazu. Sie hatte ihn mit den anderen Kindern in ihrem Zimmer geteilt. Köstlich war das gewesen. Und diesmal, in ihrem zweiten Sommer dort, war doch wahrhaftig der Onkel Steiff aus Tübingen zu Besuch gekommen und hatte ihr ein goldenes Fünffrankenstück geschenkt. So ein Geschenk hatte noch nie jemand bekommen, den sie kannte. Der Vater hatte ihr erlaubt, die Münze in ihren Sparstrumpf zu stecken. Jetzt besaß sie einen Schatz!

Es war so langweilig zu Hause, so öde. Sie war bei allem und jedem auf Hilfe angewiesen. Keinen Meter konnte sie allein zurücklegen. Der Mutter fiel es inzwischen sehr schwer, sie zu tragen. Die durfte sie nicht unnötig rufen. Sie machte ihr schon Ärger genug. Auf dem Boden zu rutschen, traute sie sich erst recht nicht. Das würde die Mutter ihr nicht verzeihen. Die Mutter verstand nicht, warum sie ihre kraftlosen Beine bewegen musste. Das hielt sie für Zeitverschwendung. Wenn sie wenigstens so eine Bank die ganze Wand entlang hätten wie in der Klingelmühle! Auf der konnte sie von der einen Seite des Raumes bis zur anderen rutschen. Und wieder zurück. Die Tante schimpfte nur selten.

Den Rollstuhl hatte sie aus der Kur mitnehmen dürfen. Fritz konnte sie darin den Berg hinauf zur Schule viel besser schieben als mit dem Leiterwagen. Aber in die Wohnung konnten sie ihn nicht hochtragen, dazu war die Treppe viel zu eng und steil. Die Räder waren natürlich auch verdreckt, sodass die Mutter den Rollstuhl schon deshalb nicht in den

Zimmern geduldet hätte. Er war ja auch wirklich ein sperriges Ungetüm.

Ach hier ... Sie seufzte. Die Mutter kannte nur Arbeit, egal was für eine. Alles andere, das vielleicht einfach nur lustig war und das Leben schön machen konnte, duldete sie nicht. Die Werners dagegen – bei denen hatte sie ein gutes Leben gehabt. Es war so ein schöner Sommer gewesen. Spiele, Gesang, der Unterricht, auch die Erbauungsstunden – alles war spannend, immer hatte es etwas Neues gegeben. Sie hatte gelernt, der Natur zu lauschen, den Vögeln, dem Rauschen der Tannen, den Käfern auf der Blumenwiese. Wie oft war sie gelobt worden. Das kam der Mutter nie in den Sinn. Für die war alles immer selbstverständlich. Nur wenn etwas misslang, dann war die Hölle los.

> *Humpty Dumpty sat on a wall,*
> *Humpty Dumpty had a great fall.*
> *All the King's horses and all the King's men*
> *Couldn't put Humpty together again.*

Doch trotz allem hatte auch diese zweite Kur nicht angeschlagen. Doktor Werner hatte ihr immer wieder Geduld abverlangt. Geduld! Geduld! Das ganze Jahr nach der ersten Kur hatte sie darum gekämpft. In diesem Sommer war sie in Wildbad wieder im Wasser geschwommen, hatte die Beine angehoben, die Füße bewegt – nichts hatte genutzt. Fast alle anderen Kinder waren geheilt worden oder es ging ihnen wenigstens besser. Der kleine Gottfried hatte auch zwei gelähmte Füße und konnte jetzt gehen. Der Herr Doktor hatte ihr zu erklären versucht, dass bei ihm die Nerven im Rücken entzündet waren; das konnte geheilt werden. Bei ihr jedoch waren die ganzen Beine ohne Kraft. Dafür gab es wohl keine Stelle im

Rücken! Sie hatte gemerkt, dass auch Doktor Werner ihretwegen bekümmert war. Er hatte oft für sie gebetet und weiter auf Gott verwiesen.

Aber Gott war ungerecht. Da konnte der Herr Doktor sagen, was er wollte. Sie hatte doch nichts Böses getan. Im Gegenteil: Sie betete jetzt jeden Abend im Bett und flehte ihn an, ihr zu helfen. Doktor Werner hatte gemeint, auch bei ihr könnten sich in den nächsten Jahren noch Muskeln bilden. Sie dürfte nur nicht verzagen.

Und sie würde es schaffen. Irgendwie weiter mit den Beinen üben. Etwas lernen. Und dann eines Tages ... Es musste möglich sein! Sie hatte Kraft. Und wollte.

»Wie-er-fah-ren-wir, was-Gott-von-uns-will?«

»Got-tes-Wil-le-wird-uns-schon-in-un-serm-Ge-wis-sen-bezeugt: deut-lich-und-voll-kom-men ...«

Das Lineal von Lehrer Grundler knallte bei jeder Silbe auf das Pult. Wie jeden Tag übten die Kinder die Antworten des Katechismus, die es auswendig zu wissen galt. Der Raum war mit Mädchen und Buben zwischen acht und zwölf Jahren gefüllt, die Mädchen links, die Buben rechts. Sie saßen auf Bänken zusammengequetscht jeweils zu dritt an einem Tisch. Margarete hatte die Bänke gezählt, sechzig Kinder fanden darauf Platz, der aber nicht reichte. Meist hockten noch einige auf den Fensterbänken oder standen hinter der letzten Reihe.

Die Kinder saßen gerade und angespannt in den Bänken, vor sich die Hände flach auf den Tisch gelegt – unter dem Tisch die Füße ebenfalls parallel aufgestellt. Die Gesichter waren nach vorne ausgerichtet, die Münder öffneten sich weit, auch wenn kein Wort daraus zu hören war. Denn wenn der Lehrer merkte, dass man im Text nicht weiterwusste, kam er von seinem Pult herunter und ließ das Lineal auf die Finger der Missetäter hinunterfahren.

Religion war das wichtigste Fach in der Schule. Katechismus und Bibeltexte wurden satzweise vom Lehrer vorgelesen, die Schüler wiederholten das Gehörte im Chor. Manchmal kamen dadurch merkwürdige Wortentstellungen heraus.

Käthe war müde. Sie war bereits seit fünf Uhr auf den Beinen, hatte Ziegen gemolken und die Hühner gefüttert. Beim ersten Lesen des Herrn Lehrers hatte sie die Frage des Katechismus und die Antwort darauf verstanden. Aber je öfter sie den Text aufsagten, umso unklarer wurde alles. »Wissenbe«, was sollte das sein? Nur jetzt die Augen nicht zufallen lassen! Und weiter den Mund öffnen und schließen. Wie schwer die Zunge war. Die Silben wurden zu einem Brei, der sich zäh im Mund hielt.

Der Nacken tat so weh. Wenn sie den Kopf doch mal zur Seite drehen könnte! Denn Margarete, die neben ihr saß, sprach immer noch laut. Die kannte jeden Satz. Wenn sie nicht neben ihr säße, würde sie viel häufiger das Lineal zu spüren bekommen.

Wildes, klapperndes Aufschlagen des Lineals auf den Pultrand ließ alle zusammenzucken. »Na, na, wo bleiben eure Stimmen? Nicht einschlafen, auch wenn ihr heute früh schon daheim geschafft habt.« Lehrer Grundler seufzte. »Ja, ich weiß. Ihr seid schon lange auf den Beinen. Und auch fleißig gewesen. Aber seine Pflicht muss der Mensch erfüllen. So wird das nichts. Wir werden die ganze Frage noch einmal wiederholen. Gretle, sprich ein wenig lauter, dann können die anderen dir folgen.«

Endlos ging es weiter. Nach dem Katechismus kam die Bibel dran; wieder Worte, die Käthe einfach nicht behielt und mehrmals wiederholen musste. Anschließend gab der Lehrer Anweisungen für das Aufnehmen des Lesebuches. Beim ersten Zeichen mussten die Kinder möglichst geräuschlos ihre Schiefertafeln hochheben, beim zweiten Zeichen wurde das Lesebuch mit der anderen Hand ergriffen, beim dritten Zeichen die Schiefertafel abgelegt, beim vierten das Lesebuch darauf niedergelegt. Dann nannte der Lehrer die Seite, auf der das Buch aufgeschlagen werden sollte. Was mit dem sechsten Zeichen alle durchzuführen hatten. Nur wenige Kinder konnten flüssig lesen; die anderen buchstabierten die Wörter zusammen, ständig bedroht von dem Lineal, das sie zu fehlerfreiem Lesen zwingen sollte. Aber auch das hatte einmal ein Ende.

»Bis zum Zwölfuhrläuten ist Pause«, erklärte der Lehrer den Kindern, die den Klassenraum rasch eins nach dem anderen verließen. Käthe hätte am liebsten in der Bank geschlafen. Aber das durfte man nicht.

»Soll ich bei euch vorbeigehen, Gretle, und dir etwas zu essen mitbringen?«

»Ja, das ist nett.«

»Ist dir nicht langweilig hier allein?«

»Ganz bestimmt nicht. Ich habe einiges verpasst in den letzten Wochen und will noch ein wenig üben.«

»Ach, du Arme.«

»Nein, das macht Spaß.«

»Wie gut, dass dir das Lesen und Rechnen so leicht fallen. Wenn der Lehrer wüsste, wie oft du mir hilfst!«

»Das mache ich gern. Du hilfst mir ja auch.«

»Dann bis nachher.«

»Bis nachher.«

Margarete blieb auf ihrem Platz neben der Tür sitzen und wartete auf Herrn Grundler. Bevor er hinausging, blieb er bei dem Mädchen stehen.

»Gut, dass ich dich hier habe, Gretle. Wir haben dich während des Sommers sehr vermisst. – Aber die Kur hat wohl auch diesmal nicht viel gebracht?«

Margarete schüttelte den Kopf. »In der Bibel haben wir viel gelesen. Wir hatten morgens und abends eine Andacht.

Da durften wir gemeinsam mit dem Herrn Doktor oder Frau Böhringer aus der Bibel vorlesen. Ich habe die Geschichten so viel besser verstanden und die Kinder, die noch nicht richtig lesen konnten, haben es dabei gelernt. Könnten wir das nicht auch so halten?«

»Es ist doch immer das gleiche Lied mit dir, Gretle. Lob kannst du nicht vertragen. Dann schlägst du gleich über die Stränge. – Du willst allen Ernstes behaupten, dass dort für jedes Kind eine Bibel vorhanden war?«

»Nicht für jedes, aber immer eine für drei zusammen.«

»Das ist bei siebzig Kindern wohl nicht möglich. Woher sollte das Geld für über zwanzig Bibeln kommen? Und was glaubst du, wie die nach ein paar Wochen aussehen würden? Nicht alle Kinder gehen mit den Büchern so achtsam um wie du, Gretle.«

»Es gibt so schöne Geschichten darin.«

»Ja, aber heute lass ich dir die Rechenfibel hier. Die Zwölferreihe sitzt bei dir noch nicht richtig. Du hast ein paar Mal lange gezögert.«

Margarete senkte den Kopf. Dass der Herr Lehrer aber auch so genau war. Konnte er nicht einmal irgendetwas überhören? »Ich werde die Reihe noch ein paar Mal durchgehen«, flüsterte sie.

»So ist's recht, Gret, so ist es recht. Wer viel fehlt, muss extra arbeiten.«

Am Nachmittag stand Singlehre auf dem Plan, dazu kam der Musiklehrer in die Klasse. Auf den Musikunterricht freuten sich die Kinder immer. Der Lehrer übte mit ihnen die Kirchenlieder, wie es vorgeschrieben war, und dazu brachte er ihnen noch weltliche Frühlings- oder Sommerlieder bei. Merkwürdig: Diese Texte konnten sie sich ohne langes Wiederholen merken. Die Buben, die ein Instrument in der Musikschule lernten, konnten seine Fragen meist beantworten, während die Mädchen oft nicht weiterwussten. Aber selbst wenn der

Musiklehrer unzufrieden war, schlug er nie mit dem Lineal um sich. Wenn die Schüler einen Ton verfehlten, hielt er sich in gespielter Verzweiflung die Ohren zu und rief: »Ihr beleidigt die Vögel! Bei allen Amseln, die auf dem Schulhof mit euch um die Wette singen, die machen es wunderschön und das sogar ohne meinen Unterricht. Hört ihnen nur zu, dann klappt es auch bei euch.« Sie mussten dann eine Weile schweigend dasitzen und den Amseln lauschen.

Manchmal brachte der Musiklehrer seine Geige mit und spielte ihnen etwas vor. Da konnten selbst die Amseln etwas lernen! Margarete weinte fast, wenn sie sah, wie schnell seine Finger über die Saiten sprangen und wie geschickt der rechte Arm den Bogen strich. Wie machte er das bloß, dass er die Töne richtig traf? Gab es da Striche auf den Saiten, wo die Töne saßen? Aber das konnte nicht sein, denn er schaute häufig gar nicht auf die Geige, sondern lächelte in die staunenden Kindergesichter.

Nach dem Unterricht trug er Margarete in die Nähschule zur Frau Schelling hinüber. Er sprach dann auf Englisch mit ihr und erwartete, dass »the young lady« ihm auf Englisch antwortete. Leider verstand sie kaum etwas von dem, was er sagte, und versuchte sich höflich mit »thank you« und »oh, yes« zu retten.

Die Freundinnen folgten ihnen kichernd. Wenn Gret auf der Treppe ihren Kopf zu ihnen umdrehen konnte, rollte sie mit den Augen. Dann glucksten die anderen los und der Musiklehrer rief mit dunkler Stimme: »What happens there behind my back?« Jetzt lachten sie erst recht. Er war wirklich ein bisschen verrückt.

Auch morgens war es häufig der Musiklehrer, der Margarete ins Haus trug, wenn die Freundinnen oder auch Fritz und seine Freunde sie in ihrem Rollstuhl draußen stehen ließen. Beim Zuspätkommen half den anderen keine Entschuldigung.

Sie bekamen das Lineal zu spüren oder sogar den Riemen. Deswegen nahm Margarete es den Kindern nicht übel, dass sie davonstürzten. Sie wartete gelassen – irgendjemand würde sie wohl sehen und in die Klasse tragen. Lehrer Grundler war dann zwar verärgert, weil der Unterricht gestört wurde, aber er schlug sie nie.

Eigentlich sollte eine Frau aus dem Nachbarhaus Margarete hinauftragen. Der Vater hatte sie darum gebeten, doch der Musiklehrer war oft schneller. Wenn er sie vom Fenster aus erblickte, schickte er ein paar Helfer oder kam selbst, weil er wusste, dass sie dann pünktlich zum Unterricht erschien und nicht ausgeschimpft wurde. Leider blieb er nicht lange in Giengen, sondern zog bald nach München um. Er hätte eine weit bessere Stelle an einer Musikschule dort bekommen, hieß es.

Die Nähschule dauerte bis fünf Uhr. Der Besuch war freiwillig, aber Margarete war tausendmal lieber hier, als sich zuhause zu langweilen und dem Häkellappen ausgeliefert zu sein. Das Sticken fiel ihr leichter, und die Lehrerin drängte auch nicht, wenn sie nicht fertig wurde. Die Mädchen lernten bei ihr sogar Hohlstich in verschiedenen Formen und wie man die Spinnen an der Ecke fertigkriegte. Aber bei so etwas machten Margaretes Finger nicht mehr mit und sie tauschte rasch ihren Stoff mit ihrer Schwester Pauline, der auch Kompliziertes leicht von der Hand ging. Die Lehrerin hatte nichts dagegen einzuwenden, nur Pauline beschwerte sich manchmal, wenn es ihr zu viel wurde, neben dem eigenen Stoff auch den ihrer Schwester zu bearbeiten.

Frau Schelling erklärte den Schülerinnen, welchen Stoff man für Laken nehmen musste, welcher sich besser für Tischdecken eignete, wie man Handtücher mit Namenszügen bestickte. Alles, was man für die Aussteuer brauchte. Denn um zu lernen, was man dabei bedenken musste – dazu kamen die meisten Mädchen in die Nähschule.

»Schaut her, diese aufwändige Hohlsticharbeit eignet sich nicht gut für ein Kopfkissen, obwohl es gerade in Mode ist, Kissenbezüge so zu besticken. Mit schönen Sprüchen, wie zum Beispiel: ›Wo die Schwalben nisten, wohnt das Glück.‹ Aber stellt euch vor, euer Ehemann hat eine Nacht lang auf diesem Muster gelegen, das die ganze Fläche unter seinem Kopf bedeckt. Dann juckt es ihn am anderen Tag nicht nur am Hinterkopf, sondern er trägt einen Abdruck von eurer Stickerei auf der Backe bis ins Geschäft, weil er manchmal auf der Seite im Bett liegt und dann können die Schwalben nisten, wo sie wollen, Glück bringen sie nicht ins Haus.«

Die Mädchen prusteten los. Auch Margarete lachte, obwohl sie ein merkwürdiges Knäuel im Bauch spürte. Was die Lehrerin da erzählte, das galt für die andern. Sie selbst würde nie heiraten können, würde keinen Ehemann, mit oder ohne Kissenmuster, neben sich im Bett liegen haben. Ihre Finger wollten plötzlich nicht mehr und die Arme blieben müde auf dem Schoß liegen.

Frau Schelling sah, dass Margarete erschöpft war und erlaubte ihr, die Arbeit zur Seite zu legen. »Magst du den anderen etwas vorlesen oder möchtest du lieber vom Schwarzwald erzählen?« Im Nu leuchteten Margaretes Augen wieder. Von der Fahrt mit der Eisenbahn erzählte sie zu gern. Aber diesmal war sie rasch damit fertig und begann die vornehmen Gäste in Wildbad im Schwarzwald zu beschreiben, ihre Kleider, Hüte, Schuhe und Täschchen, welche Form sie hatten und sogar die Muster konnte sie noch beschreiben. Wie sie über den rot eingefärbten Weg auf der Straße zum Bad trippelten. Dafür interessierte sich auch Frau Schelling. Sie fragte häufig nach und ließ sich einen Stoff oder eine Farbe noch genauer beschreiben.

Margarete und ihre Base Marie saßen wie so oft in der oberen Stube der Klingelmühle. Die vier Jahre jüngere Marie strickte Strümpfe, während Margarete mit Kreuzstichen Namen aufstickte. Die beiden waren gute Freundinnen. Zusammen machte die Arbeit Spaß, manchmal arbeiteten sie konzentriert, aber meistens gab es so viel zu erzählen, dass sie die Werkstücke aus der Hand legten.

Häufig blieb Margarete sogar über Nacht; Marie bettelte immer so lange, bis Tante Apollonia nachgab. Was ihr nicht schwerfiel, denn sie mochte ihr Patenkind sehr und wusste, wie dankbar ihre Schwester war, wenn ihr Sorgenkind bei ihnen gut untergebracht war. Nach dem Essen gab es für die beiden Mädchen heute besonders viel zu reden.

»Gut, dass die beiden Herren wieder weg sind.«

»Puh, wenn deine Brüder beim Essen dabei sind, ist immer dicke Luft, Marie!«

»Die tun schrecklich wichtig«, seufzte Marie und fuhr mit tiefer Stimme fort: »Hast du eine Quelle aufgetan, Melchior, wo wir die Wolle günstig beziehen können? Wir müssen von Anfang an international konkurrenzfähig sein.« Marie kicherte, steckte Margarete an.

»International konkurrenzfähig, was soll denn das nur?« Erneut gackerten sie los, konnten kaum aufhören. Schließlich holte Marie tief Luft und fuhr fort: »Wenn wir in Österreich produzieren könnten, würden wir gewaltig Steuern sparen. – Und die Mutter brät ihnen einen extra Pfannkuchen mit Speck und ist von ihren Plänen, im alten Wildbad eine Manufaktur aufzubauen, ganz begeistert.«

»Die beiden sind so furchtbar ernst. Als der Hans uns ein Stück von seinem Pfannkuchen angeboten hat, hat er mich so merkwürdig angesehen, als ich den Kopf geschüttelt habe.«

»Dabei war der Pfannkuchen richtig lecker. Hans kann überhaupt sehr nett sein, wenn er will. Früher durfte ich manchmal auf seinen Schultern reiten. Die Mutter hat immer geschimpft, weil er es so wild trieb und kein Ende finden konnte. Aber jetzt ... jetzt findet sie alles wunderbar, was der Hans sich ausdenkt. Der Vater schüttelt nur den Kopf. Er leiht den beiden zwar Geld, aber manchmal knurrt er auch, die brächten uns noch alle ins Arbeitshaus. So viel Schulden hätten sie gemacht. Manchmal kriege ich richtig Angst. Ständig ist jetzt vom Sparen die Rede. Selbst die Mutter spart an ihrem Kaffee.«

»Was stellen die beiden eigentlich her?«

»Filz.«

»Kann man damit viel verdienen?«

»Hans behauptet, dass er Hüte und Schuhe daraus machen will.«

»Hüte? Aber Filz ist doch kein richtiger Stoff.«

»Hans meint, sie würden die ersten sein, die Filz mit Maschinen herstellen. Guten Filz aus Wolle. Und er sagt, dass Fäden, wenn man sie im Wasser zusammenpresst, einen guten Stoff abgeben.«

»Ohne sie zu weben?«

»Sie werden gewalkt wie die gewebten Stoffe. Wieso die Fäden zusammenhalten, weiß ich auch nicht. Aber Wolle verfilzt im Wasser eben. Die beiden brauchen viel Wasser, deshalb haben sie auch das alte Bad gekauft.«

»Stehen denn da nicht Badezuber?«

»Die gibt es auch. Und die Wirtschaft. Aber einige Räume haben sie geschlossen für ihre Filze.«

»Merkwürdig. Wird das nicht ein arg schlampiges Zeugs?«

»Der Vater hat das auch gesagt. Aber Hans und Melchior haben erklärt, dass beim Loden der Stoff ja auch in eine Art Filz verwandelt wird, der dann gewalkt, gekämmt und zuletzt geschoren wird. Allerdings erst nach dem Weben. Loden ist ein sehr guter Stoff – das weiß auch der Vater. Hans glaubt, sein Filz würde nicht schlechter. Er ist sehr stolz, dass vor ihm noch niemand darauf gekommen ist, Filz mit Maschinen herzustellen.«

»Woher hat er bloß die Idee?«

»Hans hat als Geselle in Österreich in einer Filze gearbeitet. Dann hat er den Eltern ständig in den Ohren gelegen, die Heimweberei sei am Ende. Färber wie er würden nicht mehr gebraucht. Er behauptet, dass es in Amerika und Indien Wolle gibt, die an einem Strauch wächst. Und in England würden jetzt Maschinen zum Spinnen und Weben gebaut – die Maschine zum Spinnen heißt Spinning-Jenny. Aber er glaubt auch, dass die Leute hier diese Strauchwolle nicht mögen werden, auch wenn sie billiger ist.«

»Großvater sagt, Schafe gibt es kaum noch, weil es keine Weber mehr gibt, die die Wolle kaufen. Als ich klein war, waren überall Schafe auf den Wiesen. Wie weiße Flecken haben die auf der grünen Wiese ausgesehen.«

»Wenn sie durch die Stadt zogen, haben sie dauernd ihre Küttel hinterlassen, überall konntest du reintreten ...«

»Diese Spinnmaschine ... Spinning-Jenny ... Hört sich gut an. Fast wie der Name eines Mädchens. Können Maschinen denn so gut spinnen und weben wie Menschen?«

»Besser, sagt Hans. Viel schneller und ohne Fehler. Und die Maschinen werden Tag und Nacht nicht müde. Manchmal bekomme ich richtig Angst, wenn Hans redet. Er behauptet, dass sich alles ändert. Die alten Handwerke würde es bald nicht mehr geben, sagt er, und die Menschen müssten dann in bitterer Armut leben. Auch wenn sie wie wir Mühlenbesitzer sind ... Er meint, wir müssten mit der Zeit gehen und etwas Neues anfangen.«

»Von der neuen Zeit redet mein Vater auch immer. Dass

viel gebaut wird und er gut zu tun hat. Jetzt baut er für Hans und Melchior einen Anbau.«

»Eine Maschine zum Häuserbauen gibt es wohl nicht.«

»Zum Glück! Stell dir die mal vor ... groß wie ein Haus.«

Sie mussten so lachen, dass Margarete ein Strumpf aus der rechten Hand fiel. Marie nahm ihn vom Fußboden hoch. »Lass uns mal die Strümpfe tauschen. Bei dir fangen die Buchstaben wieder an schief zu werden.«

Neidisch schaute Margarete auf den Strumpf, den Marie bearbeitete. Obwohl sie um einiges jünger war, sah der Name gerade und ordentlich aus. »Bis bei euch alle verheiratet sind, können wir noch viele Strümpfe besticken. Bei uns werden noch keine Aussteuern genäht.«

»Wie gefällt es denn deiner Schwester in ihrer Stellung?«

»Sie ist Kindermädchen bei der Frau Oberamtsrichter in Neresheim. Die Jungen sind ziemlich wild und sie muss oft bis in die Nacht hinein ihre Kleider ausbessern.«

»Hoffentlich geht es ihr nicht wie der Liesel. Die ist aus Nürnberg zurück und bekommt ein Kind.«

»Oh je. Aber jetzt heiratet sie?«

»Die heiratet nicht.« Marie senkte die Stimme. »Christine hat sich mit der Mutter darüber unterhalten. Sie wussten nicht, dass ich nebenan saß. Liesel behauptet irgend so was wie, der Herr des Hauses habe ihr Gewalt angetan. Deswegen ist sie rausgeworfen worden.«

»Und, stimmt es?«

»Das weiß doch keiner. Aber in jedem Fall ist es schrecklich, eine ledige Mutter zu sein.«

»Hoffentlich passiert so etwas meiner Schwester Marie nicht.«

»Was soll der Marie nicht passieren?« Plötzlich stand die Klingelmüllerin im Raum. Die beiden Mädchen schauten so schuldbewusst, dass die Tante gleich ahnte, was sie beschäftigte.

»Ihr solltet euch schämen, euch über andere das Maul zu zerreißen, statt zu arbeiten. Wie viel Strümpfe habt ihr fertig? Das ist nicht euer Ernst. Fast nichts geschafft. Nur mit dem Mundwerk. Ich gönne euch ja immer euren Spaß, aber hier hört es auf.«

Den Rest des Tages arbeiteten sie schweigend, auf ihre Strümpfe konzentriert. Aber die Gedanken drehten sich immer wieder um die Liesel. So etwas Furchtbares. Und jetzt musste auch noch Pauline in Stellung nach Augsburg!

Das erste selbst verdiente Geld

1860

Wenn es doch überall so wäre wie in der Schule. Da war sie nicht die böse Gret, die ungeduldige, nicht die lahme Gret, die den anderen zusätzliche Arbeit machte. Natürlich musste sie auch in der Schule getragen werden, aber da gab es genügend Freundinnen. Die Mädchen waren froh, dass es Margarete gab, weil sie die Fragen des Lehrers beantworten konnte und ihnen weiterhalf, wenn sie selbst ins Stottern gerieten.

»Da möchte ich die Zahlen zusammenrechnen, aber es geht einfach nicht, die Zahlen bleiben an der Tafel stehen. In meinem Kopf finden sie nicht zusammen«, sagte Käthe kleinlaut.

Margarete lachte. »Genauso geht es mir mit den Füßen. Denen kann ich sagen, was ich will, sie bewegen sich einfach nicht.«

»In deinem Kopf ist aber nichts lahm.«

»Zum Glück. Da ist oft einiges los. Aber ich bin auch nicht so müde von der Arbeit zu Hause oder auf dem Feld wie ihr.«

»Du erzählst viel schöner als der Herr Stadtpfarrer.«

»Vielleicht weil ich viel Zeit habe, mir die Geschichten aus der Bibel vorzustellen.«

Margarete mochte den Stadtpfarrer und er mochte sie. Er freute sich, dass sie den Konfirmandenunterricht so ernst nahm und sie freute sich, dass er sich Zeit für ihre Fragen nahm. Einmal hatte er sich in der Pause noch etwas mit ihr unterhalten. Da hatte sie sich getraut, ihm zu gestehen, dass sie oft in Zorn geriet, weil Gott ihr diese Krankheit geschickt hatte.

Der Pfarrer verwies sie auf den Katechismus und das Evangelium. *Des Menschen Sohn ist nicht gekommen, dass er sich dienen lasse, sondern dass er diene und gebe sein Leben zu einer Erlösung für viele.* Sie stehe Jesus in ihrem Leiden besonders nahe, tröstete er sie. Und sie wisse nicht, was er noch mit ihr vorhabe.

Die Fragen und Antworten des Heidelberger Katechismus sagte sie sich oft in ihrem Innern vor und versuchte dabei den Sinn der Worte zu verstehen: *Was ist nun dein einziger Trost im Leben und im Sterben? Dass ich mit Leib und Seele, beides im Leben und im Sterben, nicht mein, sondern meines getreuen Heilandes Jesu Christi Eigen bin, der mit seinem teuren Blut für alle meine Sünden bezahlt und mich aus aller Gewalt des Teufels erlöst hat.*

Mit ihrer Ungeduld war es ein wenig besser geworden, auch mit den raschen Widerworten, die sie der Mutter gab. Aber innerlich rechtete sie noch immer mit Gott. Alle sagten, sie sei ein schlauer Kopf. Aber was konnte ihr das helfen? Ihr Leben blieb das eines Krüppels, der zu nichts nütze war.

Auf ihre Konfirmation freute Margarete sich und doch war sie voller Furcht. Denn mit der Konfirmation endete die Kindheit. Dann warteten die Pflichten des Lebens. Marie und Pauline waren in Stellung gekommen. Was würde mit ihr passieren? Sie konnte noch eine Zeit lang zur Schule gehen, aber dann? Keine Schulfreundinnen mehr, die sie herumfuhren; irgendwann würde auch Fritz in das Geschäft des Vaters eintreten. Ihr würde wohl nichts anderes bleiben, als mehr schlecht als recht zu nähen. Aber würde jemand ihr Gewurstel kaufen?

Die Mutter hatte wehe Füße und konnte sie nicht mehr herumtragen. Die Arbeit wurde ihr sauer. Oft legte sie sich früh zu Bett. Und Margarete musste sich bedienen lassen, daran hatte sich bis jetzt nichts geändert. Sie schämte sich deswegen. Zum Glück kam sie abends noch manchmal zu einer Mondscheinpromenade. Dann holten die Freundinnen sie ab und brachten sie nachher auch ins Bett. Sonst hätte die Mutter sie schon um sieben Uhr abends für die Nacht zurechtgemacht.

Es war ein feierlicher Augenblick, als Margarete, geschoben von zwei Freundinnen, zum Konfirmationsgottesdienst mit den anderen in die große helle Stadtkirche einzog. Sie trug ein nagelneues Kleid, das extra für sie genäht worden war, also kein Erbstück von den Schwestern oder von der Base Christine. Ganz vorne stellten sich die Konfirmanden auf und wiederholten ihr Taufgelöbnis. Dann knieten die anderen nieder, um den Segen des Pfarrers zu empfangen. Zu Margarete musste der Pfarrer vortreten, um seine Hand auf ihren Scheitel zu legen. Er ließ sie eine Zeit lang dort ruhen, als ob er für Margarete einen besonderen Segen von oben erbäte.

Lass dir an meiner Gnade genügen, denn meine Kraft ist in den Schwachen mächtig.

Das sollte ihr Konfirmationsspruch sein? Hieß das, dass sie doch noch Hoffnung auf Heilung haben durfte? Oder sollte sie, wie es der Pfarrer öfter gesagt hatte, ihr Leiden hinnehmen, annehmen als eine Möglichkeit, mehr als andere Buße zu tun? Wenn er im Gespräch so etwas angedeutet hatte, war sie immer zornig gewesen und hatte sich zusammennehmen müssen, um nicht loszuschimpfen. Aber so etwas durfte man natürlich nicht. Doch alles in ihr sträubte sich. Sie war ein Kind wie alle anderen, die laufen und springen konnten. Sollte sie die Schuld von anderen tragen? Warum? So ungerecht konnte Gott nicht sein. Als die Orgel den weiten Kirchenraum mit Musik erfüllte, hätte sie fast zu weinen begonnen.

Zur Konfirmation bekam Margarete vom Stadtpfarrer eine Bibel, ein wertvolles und teures Geschenk. Ein dickes Buch mit unendlich vielen Geschichten, von denen sie etliche schon im Unterricht auswendig gelernt hatte. Aber es waren noch soo viele ungelesene Seiten übrig! Die konnte sie lesen, wann immer sie wollte. Das würde sie auch tun, na klar. Sie hatte ja viel Zeit.

Als Familie Steiff von der Kirche nach Hause kam, war eine lange Tafel gedeckt. Die Großeltern, Tante Ursche, die Eltern, sogar Marie und Pauline hatten Urlaub bekommen. Marie war gewachsen, rundlicher geworden und sah überhaupt sehr erwachsen aus. Während Pauline, blass und schmal, recht unglücklich dreinschaute.

Alle gratulierten Margarete. Aus der Küche wehte Bratenduft.

»Nehmt doch Platz!«, rief Pauline endlich. »Wir wollen euch das Essen servieren.« Dann erschien sie mit einer Bratenplatte, die sie auf der linken Hand und dem Unterarm balancierte, während sie in der rechten einen Löffel und eine Gabel hielt. Sie trug eine weiße Schürze und hatte sich ein ebenso weißes Häubchen auf den Kopf gebunden. Sie ging um den Tisch herum, um jeden einzeln zu fragen, was sie ihm vorlegen dürfe. Gabel und Löffel benutzte sie dabei geschickt wie eine Zange.

Der Großvater schüttelte den Kopf, die Mutter schaute unwillig, Margarete und Fritz antworteten ganz ernsthaft, auch wenn sie sich das Lachen kaum verkneifen konnten.

Schließlich griff der Vater ein. »Was soll denn dieser Unsinn, Pauline? Wir sind hier, um ein ernsthaftes Ereignis zu feiern. Margaretes Konfirmation. Das ist hier nicht das württembergische Schloss. Und dann dieses Häubchen.«

»Aber so habe ich es bei meinen Herrschaften gelernt. Meistens mache ich noch einen Knicks dazu. Ich wollte euch doch mal zeigen, wie gut ich mich benehmen kann.«

»Das hast du ja nun getan. Jetzt hol die Spätzle und den Kartoffelsalat und setz dich hin.«

»Und nimm das Häubchen ab«, erklärte die Mutter.

»So was muss ich zum Glück nicht tragen. Die Frau Oberamtsrichter nimmt es nicht so genau.«

»Aber du hast gestern gesagt, dass du oft bis in die späte
Nacht nähen musst«, erklärte Pauline spitz.

Marie wurde rot. »Die Arbeit ist schon hart. Oft schlepp
ich mich kaum noch bis ins Bett. Manchmal geben die Jungen
überhaupt keine Ruhe und kichern und lachen, auch wenn es
gar nicht passt. Dann hab ich immer Angst, weil in solchen
Fällen immer ich die Schuld bekomme. Vor allem, wenn der
Herr Oberamtsrichter redet und sich bei Tisch beklagt, über
wen er alles zu Gericht sitzen muss. Letzte Woche waren es
zwei arbeitslose Weber, die Äpfel gestohlen hatten.« Maries
Stimme wurde unsicher. »Ist das wirklich so schlimm, dass
einer dafür ins Arbeitshaus muss?«

»Sich an fremdem Eigentum zu vergehen ist eine schlimme
Sache«, erklärte die Mutter. »Dafür gibt es keine Entschuldigung.«

»Ja, aber sie werden wohl vom Hunger getrieben gewesen
sein«, lenkte der Vater ein.

»Sag ich ja immer, seitdem Napoleon uns an diesen Würt-
temberger verschachert hat, ist das Handwerk ruiniert. Die
Menschen hungern und die Ersparnisse der Stadt sind weg.«
Der Großvater nickte heftig mit dem Kopf.

»Bitte heute nicht, Schwiegervater. Sonst bist du gleich bei
Kaiser Barbarossa gelandet, wie er Giengen das Stadtrecht
verliehen hat. Ich kann das Thema nicht mehr hören. Man
kann über den Verlust der Giengener Freiheitsrechte sagen,
was man will, aber der Wirtschaft geht es zurzeit insgesamt
gut. Nur muss man sich umstellen auf die neue Zeit. Die Weber hätten auch in der Reichsstadt ihre Arbeit verloren.«

»Wenn nur dein Baugeschäft gut läuft. Aber andere, die
müssen ihr Bündel schnüren und nach Amerika ziehen. Dieses
Jahr sind schon wieder ein paar Dutzend Familien weg.«

»Die neue Baumwollweberei, die mit amerikanischer Baumwolle arbeitet, macht gute Geschäfte. Und auch die braucht Arbeiter.«

»Pah! Ausländischer Schund. Seit wann wächst Wolle auf Bäumen?«

»Baumwolle wächst an einem Strauch.«

»Auch nicht besser. Jedenfalls gibt es deswegen bei uns die vielen Arbeitslosen und harte Vorschriften in den Manufakturen. Sogar die Prügelstrafe ist von höchster Stelle wieder eingeführt worden. Vor ein paar Jahren haben wir noch geglaubt, damit wäre nun endgültig Schluss.«

»Sagt bloß, das Prügeln war früher verboten?« Obwohl es nicht erlaubt war, in das Gespräch der Erwachsenen hineinzureden, konnte Fritz sich nicht zurückhalten.

Doch der Großvater antwortete ihm. »Nach der Revolution im Jahre 1848. Gerade als du geboren wurdest.«

»Großvater, bitte, warum müsst ihr immer über die Politik streiten. Und jetzt denkt der Bub, hier hätten mal Zustände geherrscht, wo die Schulbuben nicht erzogen wurden.« Die Mutter konnte ihren Ärger nicht mehr zurückhalten. »In der Schule ist das Prügeln immer nötig gewesen, Fritz, das wird sich auch niemals ändern.«

Fritz zog ein langes Gesicht. Die Mutter wusste, dass der Großvater zu dem Thema noch eine Menge zu sagen hatte. So fragte sie rasch: »Nun lasst die Marie zu Ende erzählen – wo wir sie so selten sehen. Behandeln dich deine Leute denn gut?«

»Ja, meist schon. Aber die Frau hat oft Kopfweh und zieht sich dann am helllichten Tag in ihr Schlafzimmer zurück. Da bleibt alles an mir hängen.«

»Bei meinen Bezirksdirektorsleuten, da kannst du das Sparen so richtig lernen«, platzte Pauline dazwischen. »Dagegen leben wir hier verschwenderisch. Um das Servieren, die richtigen Teller und Bestecke machen sie viel Aufhebens, aber alltags gibt es ständig Mehlbrei und nach den Fettaugen darin kannst du suchen. Fleisch gibt es nur an hohen Festtagen. Wie man es serviert, das hab ich mit dem leeren Geschirr hundertmal geübt.«

»So, jetzt möchte ich etwas sagen«, erklärte plötzlich der Vater. »Ich habe nämlich noch ein Geschenk für die Konfirmandin.«

Margarete wurde rot. Damit hatte sie nicht gerechnet. Sollte der Vater …?

»Also, das ist so … Der Herr Sautter hat bei mir noch immer Außenstände, und letzten Monat hat er mich wieder um Aufschub gebeten. Da hab ich mir gedacht: Bevor ich das Geld nie bekomme, frag ich ihn, ob er meinem Gretle nicht das Zitherspiel beibringen will. Er hatte zwar einige Bedenken, aber er hat zugestimmt.«

»Oh, Vaterle, das ist wunderbar. Das ist das schönste Geschenk für mich. Wann geht es los?«

»Du sollst diese Woche noch bei ihm vorbeischauen.«

»Und die Zither?«

»Die wird dir Tante Ursche erst mal leihen. Die spielt ja schon länger nicht mehr.«

Die Musikstunden waren so lange Margaretes heißester Wunsch gewesen, aber sie hatte fast nicht mehr daran geglaubt. Als sie früher einmal dem Musiklehrer ihren Wunsch anvertraut hatte, hatte dieser seine Zweifel geäußert, ob das etwas für sie sei.

Sie eigne sich sowieso für nichts, hatte Margarete geantwortet, und trotzdem müsse sie dauernd häkeln. Warum denn diese wunderbare Musikschule in Giengen sei, von welcher der Stadtpfarrer behaupte, so etwas gebe es nirgendwo sonst, schon gar nicht auf der Alb? Kostenlosen Musikunterricht für jeden Knaben. Nun ja, für die Mädchen gab es die Nähschule, aber wenn eines nun ein Instrument lernen wollte ... Das konnte sie sich so sehr wünschen, es nützte nichts.

Als der Lehrer die Tränen in den Augen des Mädchens sah, lenkte er ein. Vielleicht würde das Zitherspielen wirklich ihren Fingern helfen. Er würde sich erkundigen. Dann hatte der Vater bei der Musikschule angefragt, der Herr Musiklehrer das Ersuchen unterstützt, darauf hingewiesen, dass sie Sinn für Musik habe – aber nein. Man wollte keine Ausnahme machen. Die Statuten legten fest ... Es war zum Verrücktwerden.

Und jetzt hatte der liebe, liebe Vater doch einen Weg gefunden. Wenn er die Stunden auch nicht mit Geld bezahlte, so doch mit seiner Arbeit. Das hätte bestimmt kein anderer Vater in Giengen gemacht. Für seine nutzlose Gret Musikstunden zu bezahlen! Nun musste sie es schaffen – und sie würde es auch.

Als Margarete mit Fritz zur verabredeten Zeit bei Herrn Sautter ankam, hörte sie bereits von draußen ein krächzendes, schräges Violinspiel und darauf die unwillige Stimme des Lehrers. Kurz darauf verließ ein Junge rasch das Haus, hielt den beiden gerade noch die Tür offen und wünschte im Weglaufen grimmig viel Vergnügen.

Das Zimmer des Lehrers war fast ausgefüllt mit einem Klavier, auf dem Stapel von Noten lagen und eine Violine. Am Fenster stand ein Tisch, von dem der alte Herr vor sich hin brummelnd Noten wegräumte. Trotzdem musste Fritz genaue Arbeit leisten, um zwischen Klavier und Papierstapeln hindurch seine Schwester zum Stuhl zu tragen, ohne irgendetwas umzuwerfen. Ob er während der Stunde zuhören dürfe, wollte er wissen. Herr Sautter zeigte auf den Hocker am Klavier und ermahnte Fritz, sich nur ja ruhig zu verhalten und nichts anzufassen. Er beobachtete Margarete misstrauisch, legte zögernd das Instrument vor sie auf den Tisch und begann ihr zu erklären, wie man es benutzte.

»Du musst die Zither etwas schräg hinlegen. Mit der linken

Hand greift man die Melodie. Wenigstens diese Hand sieht ganz ordentlich aus. Kannst du damit normal zupacken?«

»Die linke Hand ist ganz gesund.«

»Na, wenigstens das. Du musst sie etwas durchbiegen, so. Hier kannst du sehen, wie das Griffbrett durch Bünde in halbe Tonstufen eingeteilt ist. Die wirst du dir zuerst einmal merken müssen. Und solltest du wirklich über längere Zeit dieses Instrument spielen, greifst du die Tonstufen ganz selbstverständlich.«

Er legte die Zither zur Seite und wollte ihr nun allgemein etwas über die Musik erklären. Noten kannte sie zum Glück, aber es gab furchtbar viele musikalische Bezeichnungen, die ihr fremd waren. Der Lehrer hielt einen langen Vortrag darüber, bei dem er die Anwesenheit seiner Schülerin zu vergessen schien: dass es verschiedene Tongeschlechter gebe, Moll und Dur, dass sie Tonarten bildeten ... die gebräuchlichsten Taktarten seien der 4/4- und der Alla-breve-Takt, die man durch ein C darstelle, das beim Alla-breve-Takt durchgestrichen sei ... dazu gebe es acht Intervalle, die alle italienische Namen trügen ...

Margarete brummte der Kopf. Plötzlich erinnerte sich der Lehrer doch an sie und befahl ihr, das Gesagte zu wiederholen. Sie zögerte mit der Antwort, wusste nicht, ob sie alles richtig verstanden hatte. Aber dann war es doch eine ganze Menge, was sie wiederholen konnte. Schließlich hatten sie jahrelang in der Schule memoriert.

Herr Sautter staunte. »Wenigstens mit deinem Kopf scheint alles in Ordnung«, knurrte er anerkennend.

Der würde sich noch wundern. Doch als er die Zither erneut vorholte, ihr vormachte, wie sie die Finger der rechten Hand spreizen sollte, damit sie den kleinen Finger auf den Saitenhalter »zur Stütze« legen konnte, während sie mit dem Zeige- und Mittelfinger die vielen Begleitungssaiten, mit dem Goldfinger die Bass-Saiten anschlagen sollte, sank ihr Mut. Es klappte überhaupt nicht. Und dann sollte sie auch noch den Zitherring mit dem Daumen der rechten Hand fassen.

Herr Sautter, der zwar geduldig mit ihr übte, behielt seinen skeptischen Blick. Nach einer Stunde erklärte er seufzend: »Das gibt ein hartes Stück Arbeit. Und ob es überhaupt etwas wird? Irgendwie werden wir da etwas vereinfachen müssen.«

Da schossen Margarete die Tränen in die Augen.

Zu Hause übte sie verbissen, bis die Mutter sich beschwerte, sie könne die schrägen Töne im Kopf nicht mehr aushalten. Margarete, die oft selbst ganz verzweifelt war, weil es mit der Geschicklichkeit der Finger einfach nicht vorwärtsgehen wollte, war den Tränen nahe. Aber sie durfte wegen der Zither keinen Streit mit der Mutter bekommen. Doch wenn die ihr dann das Nähzeug hinlegte, während Margarete ihre geschundenen Finger kaum noch bewegen konnte, hätte sie am liebsten losgeheult. Zum Glück war die Tante in der Klingelmühle weniger empfindlich. Wenn sie dort war, durfte sie in einem der oberen Zimmer üben, solange sie wollte.

Es dauerte lange, bis sie kleine Fortschritte machte. Immer wieder probierte sie die Griffe mit einer Hand, und wenn diese ermüdet war, bekam die andere etwas zu tun. Dann beide zusammen. Die Akkorde hinauf und hinab. Es ging so furchtbar langsam. Immer wieder verrutschten die Töne. Es klang scheußlich. Am besten würde sie aufhören und die Zither in die Ecke werfen.

Erschöpft legte Margarete die Arme auf den Tisch und ließ den Kopf hängen. Wenn sie das Zitherspielen nicht lernte, würde sie nie etwas können, was ihr selbst wichtig war. Sie musste es allen zeigen. Sie war nicht einfach ein Krüppel, immer und ewig auf die Hilfe der anderen angewiesen! Irgendwann würden die Muskeln der rechten Hand ihr gehorchen, zu wachsen anfangen, greifen können und tun, was sie, Margarete, ihnen befahl.

Noch ein paar Augenblicke Pause. Tief Luft holen, die Arme ruhen lassen, sie ein bisschen schütteln. Dann noch einmal die Akkorde, trotz der Schmerzen, der wunden Finger, der Steifheit im Arm. Ihr Zorn trug sie voran, sie probierte erneut, heulte manchmal vor Wut dabei und begann von Neuem.

Der misstrauische Blick des Lehrers wandelte sich in Erstaunen. »Wer hätte gedacht, dass das Fräulein einen so starken Willen hat? Und Musikalität. Ich bin beeindruckt. Kannst du eigentlich auch singen?« Ihre Stimme gefiel ihm. »Die Zither hinkt zwar noch ein wenig nach, aber das wird schon.«

Leider hatte Herr Sautter irgendwann seine Schulden abgearbeitet. Von da an musste sie ohne ihn weiterüben.

»Es ist besser, wenn Gretle heute zu Hause bleibt. Was soll sie denn auf dem Festplatz?«

»Wenn jedes Kind in der Stadt heute zum Kinderfest geht, wieso soll ausgerechnet ich daheim bleiben? Gönnst du mir die Freude nicht?«

»Red nicht so daher. Das ist zu anstrengend für den Fritz, dich bis auf den Schießberg hinaufzuschieben.«

»Der kann noch ganz andere Dinge.«

»Jetzt bist du still.«

»Aber Mutter, wir schieben sie doch auch den steilen Weg in der Stadt zur Schule oder zur Musikstunde hinauf. Der Ranz und ich, wir sind kräftige Kerle. Was ist denn das für ein Fest, wenn unser Gretle nicht dabei ist? Und meine Schwester muss schließlich sehen, wenn ich beim Preistanzen gewinne.«

»Und den Rollstuhl mal wieder als Rennwagen gebraucht. Wie oft höre ich diese Geschichten. Wann seht ihr endlich ein, wie gefährlich das ist? Für den teuren Wagen, für Gretle, aber auch für die anderen Leute, die euch begegnen! Und der Weg vom Schießberg ist steil. Wenn ihr nicht versprecht, Gret und ihren Wagen gesittet heimzuschieben, erlaube ich nicht, dass sie mitkommt.«

Natürlich versprachen sie das. Außerdem wussten sie, dass die Mutter froh war über den Tag Ruhe im Haus, sodass sie am Nachmittag die Beine ein wenig hochlegen konnte.

Zuerst ging es in den Festgottesdienst, danach sammelten sich die Schulkinder vor dem Rathaus, um die eingeübten Lieder dem Rat vorzutragen. Die Blasmusik spielte, der Bürgermeister hielt eine Ansprache, lobte den schönen Gesang, bewunderte die Stängelein, die die Kinder geschmückt hatten und die von den Besten der Klasse vorangetragen wurden. Man ging nach Schulklassen getrennt, immer zuerst die Buben, dann die Mädchen, wobei Fritz und Ranz die Erlaubnis hatten, zwischen den beiden Blöcken Margarete zu schieben.

Auf dem Weg zum Schießberg wurde weiter gesungen und viel gelacht. Vom blauen Himmel strahlte die Sonne, oben waren Buden aufgebaut, es gab Backwerk, Brezeln und andere Leckerbissen. Die Lateinschüler führten ein Theaterstück auf, auch andere Schüler trugen etwas vor. Margarete durfte die Mädchen ihrer Klasse bei ein paar Liedern mit der Zither begleiten. Es gab Ringkämpfe und andere Wettbewerbe.

Doch der Höhepunkt des Tages war das Preistanzen. Schon seit Wochen tuschelten Fritz und Ranz miteinander und Margarete wusste, dass es um die Wahl der Tanzpartnerin ging. Gegenüber seiner Schwester hatte Fritz sein Geheimnis gehütet: Sie wusste nicht, wer seine Auserwählte war. Endlich durften die Paare den Tanzkreis betreten und sich zum Umgang aufstellen. Eine Zundel glühte auf, die Musikkapelle setzte ein und der Oberstadttaglöhner gab den Glücksstab aus. Der Stab ging von Paar zu Paar, bis die Zundel verlöschte und die Musikkapelle verstummte. Das Paar, das in diesem Augenblick einen Stab hielt, durfte sich einen kleinen Preis abholen, manchmal Papier und Stifte oder eine Brezel.

Margarete saß in ihrem Rollstuhl ein wenig am Rande und sah dem bunten Treiben zu. Fritz hatte beim Preistanzen kein

Glück gehabt, aber an der Wurfbude des Messerschmiedes ein kleines Schnitzmesser gewonnen. Er war außer sich vor Freude.

Hin und wieder kamen die Freundinnen zu ihr – es war ein schönes Fest. Bislang war es selbstverständlich gewesen, dass sie bei allem dabei war, auch wenn sie nur zuschauen konnte. Aber heute fühlte sie die Beklommenheit stärker. Dies war das Giengener Kinderfest, auch wenn fast alle Altersgruppen dabei vertreten waren. Für viele ihrer Mitschülerinnen war es in diesem Jahr ein Abschiedsfest: Sie hatten bereits eine Stellung gefunden, würden in ein paar Tagen die Stadt verlassen und fürchteten sich davor. Sie selbst fürchtete sich, wenn auch verschwommen, vor einer Zukunft, in der sie keinen Platz für sich sah.

Das Zitherspielen machte Spaß, sie spielte bei jeder Gelegenheit, vor allem mit Fritz und seinem Freund Ranz zusammen. Der hatte nämlich ein genaues Gefühl für den Takt, klatschte gern zu ihrer Musik und hatte auch ihren Sinn dafür geschärft, sodass sich ihr Spiel inzwischen ganz gut anhörte. Mit Fritz und Ranz verbrachte sie überhaupt viel Zeit. Aber das würde nicht mehr lange so bleiben. Dann würde Fritz im Baugeschäft des Vaters anfangen. Wer sollte sie dann tragen?

Fritz und Ranz ließen sich natürlich auch von einem Stadttagelöhner in der großen Gondel schaukeln, was für alle kostenlos war. Als sie jedoch Margarete mit hineinheben wollten, winkte dieser ab. Das sei zu gefährlich.

Auf dem Nachhauseweg hielten sich Fritz und Ranz diesmal an ihr Versprechen und bremsten Margaretes Rollstuhl den ganzen Weg über ab. Nur ein paar Mal ließen die Buben, weil Margarete zu sehr bettelte – »Ihr habt die ganze Zeit über getanzt und geschaukelt, ich musste mit dem Rollstuhl herumstehen. Steht mir nicht auch ein wenig Vergnügen zu?« –, den Rollstuhl für ein paar Augenblicke los. Sobald er an Fahrt gewann, hielten sie ihn aber wieder an. »Es ist zu voll hier«, erklärte Fritz. »Und wir haben es der Mutter fest versprochen. Wenn wir den Kalk auf dem Weg aufwirbeln, merkt sie es sofort an unseren Hosen.«

Doch nachdem sie die steile Strecke hinter sich hatten, zog Fritz pfeifend auf der gepflasterten Straße vor dem Rathaus ein paar schnelle Runden mit Margarete, tanzte mit dem Rollstuhl im Kreis, schob eine Acht auf das Pflaster, drehte und wendete das Gefährt schneller und immer schneller, wie sie es gern hatte.

»Und jetzt Achtung!«, rief Fritz. »Halt dich fest! Jetzt machen wir das Karussel.« Geschickt stemmte er den Wagen auf die Hinterräder, Margarete ließ sich mit einem genießerischen Seufzer nach hinten fallen. Und dann ließ Fritz die Räder und den Wagen auf der Stelle kreisen, hüpfte immer schneller mit ihm herum, bis sich den beiden der Platz und seine Häuser vor den Augen drehten. Um ein Haar wären sie mitsamt dem Wagen umgefallen, aber Ranz' kraftvolles Eingreifen verhinderte das im letzten Augenblick.

Margarete erklärte ihn daraufhin feierlich zu ihrem Muskeltier. »Das ist so eine Art Ritter in Frankreich.«

»So'n Quatsch«, meinte Fritz. »In den Kreuzworträtseln heisst der Musketier, weil er mit einer Muskete bewaffnet ist.«

Margarete grinste. »So passt es aber besser, weil der Ritter stark ist. Ich bestehe auf meinem L.« Ranz war es recht. Er kniete nieder, um den Ritterschlag entgegenzunehmen.

Ein paar Leute waren stehen geblieben. Kopfschüttelnd sahen sie dem ausgelassenen Treiben zu. »Irgendwann wird das mal bös ausgehen«, prophezeiten sie, wie schon so oft.

»Ach, was«, beruhigte sie das Mädchen. »Der Fritz ist viel zu geschickt. Und ein bisschen Spaß braucht der Mensch. Auch wenn er nicht laufen kann.«

Den Rest der Strecke, die steile Gasse hinunter nach Hause,

fuhren sie ganz gesittet, damit ja die Mutter nichts merkte. Hoffentlich verriet keiner der Zuschauer ihr etwas.

Tante Apollonia, die Klingelmüllerin, ließ Margarete ausrichten, bei ihnen sei in nächster Zeit wieder furchtbar viel zu nähen. Mindestens zwei Aussteuern müssten gefertigt werden, da könnten sie jede Hand brauchen. Eine alte Frau aus Memmingen sei auch noch da, die könnte mit Gretle zusammen Federn putzen. Margarete habe Kost und Logis frei und solle 42 Kreuzer die Woche bekommen.

Das erste selbst verdiente Geld im Sparstrumpf! Und sie durfte es behalten! Der Vater hatte der Mutter erklärt, dass er gut verdiene und sie kein Kostgeld von ihren Kindern annehmen müssten. »Pauline und Marie können das Gesparte für ihren späteren Hausstand einmal gut gebrauchen; und für Gretle ist es erst recht wichtig, etwas auf der hohen Kante liegen zu haben. Irgendwann wird sie sich ja ohne uns zurechtfinden müssen. Wir zwei leben nicht ewig.«

Als er das erschreckte Gesicht seiner Tochter sah, schüttelte er den Kopf: »Ich mein' ja nicht heute oder morgen. Aber irgendwann sind wir alte Leute. Und du bist dann eine erwachsene Frau.«

»Du hast ja recht. Aber was sollen die Leute sagen? Die Jugend muss lernen, dass das Leben kostet.« Mutter Steiff war von dem Vorschlag ihres Mannes nicht sehr angetan.

»Das lernen sie doch dabei. Sie sollen das Geld ja nicht verjubeln. Und meine Aufträge bringen mehr als genug ein. Dem Anbau im Wildbad wird bald der nächste folgen und woanders wird auch gebaut. Du solltest dir eine Hilfe im Haushalt nehmen. Das wird alles zu viel für dich. Und dann machst du auch noch die Abrechnungen fürs Geschäft.«

Aber in dieser Hinsicht blieb die Mutter unnachgiebig. »Nein, das geht zu weit. Da müsste ich mich schämen.«

Jetzt schämte Margarete sich. War es nicht auch ihretwegen so, dass die Mutter ständig erschöpft war und Rückenschmerzen hatte? Zwar trug die Mutter sie nicht mehr die steile Treppe hinunter – da musste sie immer auf jemand anderen warten; und oben gab es inzwischen einen Holzstuhl, an dem der Schreiner ein paar einfache Räder befestigt hatte –, die Mutter musste sie aber weiterhin häufig heben: auf den Abortstuhl, am Waschtisch, ins Bett. Wie gut, dass sie wenigstens dünn war und wenig wog.

Die Familie sollte sehen, dass sie das Geld in der Klingelmühle zu Recht verdiente. Allerdings nähte sie immer noch alles andere als perfekt, vor allem, wenn niemand da war, der an ihrem Stoffstück zwischendurch etwas herumbesserte. Und natürlich nähte sie langsamer als andere, es ging alles viel mühsamer.

Das durfte nicht so bleiben. Die rechte Hand war vom Zitherspielen etwas gestärkt und mit den Beinen ... Sie gab die Hoffnung nicht auf. In der Klingelmühle blätterte sie regelmäßig die Zeitungen durch, die Hans sich bestellt hatte. Irgendwann würde dort etwas stehen, von einer neuen Behandlung für lahme Füße. Aber bis dahin ...

Frauen, die in den Haushalten nähten oder daheim strickten und stickten, wurden überall gebraucht. Aber es gab auch mehr als genug, die solche Arbeit suchten. Beim letzten Besuch in der Klingelmühle hatte sie allein drei Frauen an der Tür gehört, die um Arbeit bettelten – jede Arbeit sei ihnen recht ... Es waren Frauen aus der Webergasse mit mehreren kleinen Kindern an der Hand oder auf dem Arm. Denen war die Not anzusehen, in der sie lebten, seitdem ihre Webstühle stillstanden. Würde sich für sie unter diesen Umständen immer Arbeit finden? Zum Glück war da die Verwandtschaft. Tante Apollonia würde sie nicht im Stich lassen. Vor allem, seitdem sie Zither spielen konnte, denn die Tante sang für ihr Leben gern. Die konnte mit den Mädchen richtig ausgelassen werden. Meistens jedenfalls. Wenn sie es nicht zu toll trieben.

Die Filzmanufaktur

1861

*T*ante Ursche, wieso hast du nicht geheiratet?« Margarete saß mit der Tante in der Gaststube der Badeanstalt, die Tante Ursche seit ein paar Monaten versorgte. Margarete stickte langsam mit Kreuzstichen den Namen des späteren Besitzers in einen Strumpf, während Tante Ursche mit ihren Händen in raschem Rhythmus Filzenden zusammenknotete.

»Das hast du schon ein paar Mal gefragt. Es hat sich halt so ergeben.«

»Aber du hast nie richtig geantwortet. Ist es schlimm für dich?«

»Ich weiß nicht. Manchmal schon. Ach Gretle, der Mensch gewöhnt sich an vieles, und ich hab es nie anders gekannt. Es bringt doch nichts, darüber nachzudenken.« Tante Ursche gefiel das Gesprächsthema nicht.

»Was machst du da mit dem Filz?«

»Aus den Filzresten knüpfe ich kleine Teppiche, die sind recht haltbar, behauptet wenigstens Hans.«

»Du kannst wirklich aus allem etwas machen. Hast du mit Nähen immer genug verdient, dass es zum Leben reichte?«

»Irgendwie reicht es immer, und der Vater hat ja auch ein wenig Geld. Falls du dir Sorgen machst: Du bekommst sicher etwas von daheim, da ist einiges vorhanden. Und dein Vater ist großzügig.«

»Als du so alt warst wie ich, wusstest du da schon, dass du nicht heiraten würdest?«

»Du gibst wohl nie auf. Nein, natürlich nicht. Aber ich war

ein wenig kränklich und merkte bald, dass die jungen Burschen die kräftigeren Mädchen vorzogen. Besonders hübsch war ich auch nicht. Und dann brauchten die Eltern Hilfe. Alle haben von Anfang an erwartet, dass ich bei ihnen bliebe. Das ist doch überall so, dass eine der Töchter bei den Eltern bleibt.«

»Hast du manchmal Angst gehabt vor der Zukunft?«

»Zuerst schon. Aber dann ... Meine Freundin Bärbel war fast jedes Jahr in gesegneten Umständen. Der ging es immer schlecht. Eins nach dem anderen hat sie geboren und wieder verloren. Dann fand der Mann, der Garnsieder war, kaum noch Arbeit. Da blieb er jeden Tag lang im Wirtshaus und nie war Geld da. So hab ich schnell aufgehört sie zu beneiden. Wenn du es nicht weitersagst: Inzwischen find ich, dass das Alleinsein auch seine Vorteile hat.«

»Wieso denn das?«

»Schau, ich mache meine Arbeit, denk mir meinen Teil und mach jedes Jahr eine Reise. Eine Geschäftsreise. Alle loben mich, weil ich für meine Arbeit solche Strapazen auf mich nehme.«

»Ist es denn nicht anstrengend? Letztes Jahr bist du den ganzen Weg bis Augsburg zu Fuß gegangen. Die Frau Schelling in der Nähschule war ganz begeistert. Von dir sollte ich mir was abschauen, hat sie gesagt. Du bist die Einzige in Giengen, die Perlchemisetten machen kann. Sie will dich übrigens fragen, ob du mal wieder in die Nähschule kommst, um den Mädchen deine Künste zu zeigen.«

»Wenn ich bei den Leuten, die ich besuche, nichts Neues lernen würde, könnte ich mir das Reisen wohl kaum erlauben. Geld kosten darf das nicht, aber das macht nichts: Mir reicht ein Stück Brot zu Mittag, und ein Apfel dazu findet sich meist. Ich gehe zu Fuß wie die männlichen Gesellen auch. Die jungen Kerle teilen sogar meist ihre Vorräte mit mir, weil sie erstaunt sind, so eine Alte auf der Straße zu treffen. Und manchmal nimmt mich ein Wagen mit. Aber das Wandern ist für mich das Schönste. Nur deswegen mache ich mich auf den Weg. Es ist so herrlich in einen hellen Morgen hineinzuwandern, ganz allein meinen Gedanken nachzuhängen, zu singen oder den Vögeln zu lauschen.«

»Ich bin auch gern nach Ludwigsburg und Wildbad gefahren. Man sieht so viel und die Leute sind anders. Jetzt bauen sie ja schon an der Eisenbahn nach Heidenheim. Vielleicht komm ich dann auch ein wenig herum. Kann ja sein, dass ich bei Verwandten außerhalb nähe.«

»Du hast viel dazugelernt in der letzten Zeit.«

»Ich weiß jetzt, dass ich es muss. Was man will, schafft man, sagt Mutter immer. Aber die weiß nicht, wie weh der Arm mir tut.«

»Deine Mutter hat selbst genug Schmerzen. Ich übrigens auch. Das Rheuma zieht durch alle Finger und Knochen. Doch das nützt nichts, geschafft werden muss. Seitdem Hans und Melchior den Vater und mich hier im Wildbad wohnen lassen, steige ich manchmal in einen der Zuber, wenn er nicht gebraucht wird. Das tut gut.«

»Meinst du, ich könnte auch mal ein Bad nehmen? Die Bäder im Schwarzwald waren so angenehm.«

»Heute sind mehrere frei. Ich kann dir warmes Wasser einlassen.«

»Hast du viel Arbeit mit den Gästen?«

»Es kommen nicht mehr viele. Hier neben der Fabrik ist es ja viel zu laut. Aber der Hans plant ein neues Badgebäude.«

»Ich weiß. Der Vater sitzt schon über den Bauplänen.«

»Warte, ich schiebe dich hinüber. Kannst du dich selbst ausziehen?«

»Das Leibchen musst du mir hinten aufknöpfen. Und dann musst du mich ein Stück hochheben, damit ich das Kleid hinunterstreifen kann.«

»Das macht deine Mutter jeden Tag?«

Margarete bekam einen roten Kopf. »Beim Anziehen ist es noch schwieriger. Aber wenigstens haben wir jetzt einen Abortstuhl für mich zu Hause. Da muss ich nicht ständig in den Hof hinuntergetragen werden. Die Treppe ist so schmal und steil, das schafft die Mutter nicht mehr. Ich kann nur hinunter, wenn Fritz daheim ist oder jemand mich holen kommt. Die Mutter ist meist so erschöpft, dass sie sich schon um sieben Uhr hinlegt. Oft bringen mich meine Freundinnen ins Bett. Ein paar Mal sind wir erst nach dem Läuten der Betglocke heimgekommen.« Sie schmunzelte. »Aber es hat uns niemand erwischt.«

Im warmen Wasser fühlte Margarete sich wieder leicht, so wie damals in Wildbad. Die Wanne war zwar viel kleiner als das Becken dort, aber sie konnte die Beine, die oben auf dem Wasser trieben, ganz ausstrecken. Tante Ursche hatte ihr ein Badehemd übergestreift, ein Stück Stoff mit einem Loch für den Kopf in der Mitte. Der Stoff schwamm auf dem Wasser, sodass ihr Körper verdeckt war. Vorsichtig schob sie ihn ein wenig zur Seite, damit sie ihre Beine sehen konnte. Gehorchten sie ihrem Willen nicht doch ein wenig? Hatten sie sich nicht gerade bewegt? Die große Zehe? Wenn sie über die Haut strich, war die nicht gefühllos. Auch Schmerzen konnte sie empfinden. Da musste es doch noch Hoffnung geben!

Wenn sie nur fest darauf vertraute. Eine ganz neue Art der Operation. Sie sah die ungläubigen Gesichter ihrer Familie vor sich, wenn sie allein die Straße entlangling, in der Küche stand, die Treppe hinunterlief. Wie Tante Ursche würde sie sich auf Wanderschaft begeben …

Irgendwann spürte sie Tränen auf ihrem Gesicht. Dabei weinte sie eigentlich nie. Aber jetzt quollen sie unter ihren Lidern hervor, flossen über die Backen und das Kinn. Sie legte sich zurück und ließ ihnen freien Lauf. Das tat gut. Es war so angenehm warm im Wasser. Nur durfte sie nicht anfangen zu schluchzen. Wenn das jemand hörte! Sie schaute noch einmal an sich herab. Die Beine waren schon lange nicht mehr gewachsen, es waren Kinderbeine, dünn, ohne Muskeln. Fast war es, als gehörten sie nicht zu ihr. Nur dass die Haut empfindsam war, das passte nicht dazu. Doch da müsste schon ein Wunder passieren, wenn mit diesen Beinen ihre Träume in Erfüllung gehen sollten. Und von Wundern hatte sie in Giengen noch nichts gehört.

Es war so schön hier zu liegen. Sie ließ den rechten Arm durch das Wasser gleiten. Ach, tat das gut. Es ging so leicht. Sie raffte das alberne Badehemd ganz zusammen. Beide Arme konnten die gleichen Bewegungen machen, schwammen aufeinander zu, trieben wieder zur Seite, tauchten ab, auf. Zwei Schwäne auf der Brenz, die sich trafen, mit ihren langen Hälsen nahe kamen und mit den Schnäbeln die Federn reinigten.

Fast hätte sie den Schwamm vergessen und die Seife, die Tante Ursche ihr bereitgelegt hatte. Die war in der Gaststube verschwunden, weil dort jemand nach dem Bad etwas zu trinken verlangte und dann noch ein Vesper bestellte. Margarete konnte die Stimmen durch das Treppenhaus hören, auch das Klicken der Bälle aus dem Billardzimmer.

Während sie sich langsam einseifte, kam die Tante in ihr Badekabinett zurück. »Du bist ja noch nicht fertig.«

»Es tut so gut, in der Wanne zu liegen.«

»Ich lass dir noch mal heißes Wasser ein. Kommt ja ohne meine Hilfe aus den Röhren. Wenn ich mir vorstelle, ich müsste das Wasser den Badegästen aus dem Badofen in Eimern herbeischaffen wie bei den Leuten zu Hause! Dagegen ist dieses neumodische Röhrensystem mit den Kränen ungeheuer praktisch. Aber rutsch ein bisschen zur Seite, sonst verbrennst du dich.«

Sie musste wirklich aufpassen, als das heiße Wasser in breitem Strahl in die Wanne rauschte. Tante Ursche brachte ihr noch ein Glas Most, sodass Margarete sich fühlte wie eine der feinen Damen in Wildbad. Aber als die Tante ihr aus der Wanne helfen wollte, wurde es schwierig. Sie musste sich weit hinunterbücken, bekam ganz nasse Ärmel und atmete heftig, als sie Margaretes Körper aus dem Wasser wuchtete. Sie setzte sie auf einer der Liegen ab, um ihr beim Abtrocknen zu helfen.

»Der Fußboden ist ganz nass«, meinte Margarete kleinlaut.

»Das ist nicht weiter schlimm«, erwiderte die Tante. »Wischen muss ich nach jedem Badegast. Aber deine Mutter braucht schleunigst eine Hilfe. Du bist inzwischen fast erwachsen und ziemlich schwer.«

Margarete protestierte. »Mein Bruder findet mich leicht.«

»Ja, so ein junger Kerle. Aber deine Mutter ist fast eine alte Frau. Ich werde mal mit deinem Vater reden. Vielleicht kann eine deiner Schwestern heimkommen.«

Es dauerte eine Zeit, bis das Leibchen richtig saß und zugeknöpft war, die Beine der Unterhose zusammengebunden waren, Strümpfe angezogen und der Unterrock übergestreift war, die Bluse, schließlich das Kleid. Immer wieder musste Tante Ursche Margarete an den Schultern heben, während die mit der linken Hand das Kleidungsstück herunterzog. Endlich fiel der Kleiderrock gleichmäßig um den Körper herum, sodass der Gürtel durchgezogen werden konnte. Es fehlten noch die Schnürschuhe, die natürlich auch von der Tante angezogen und gebunden werden mussten.

»Jetzt die Haare.«

»Kämmen kann ich sie selbst. Aber nicht richtig aufstecken.«

»Das mach ich dann. Jetzt lass ich schon mal das Wasser ab und schrubbe die Wanne für den nächsten Gast. Zum Glück ist das nicht mit jedem so ein Geschäft.«

»Es tut mir leid, Tante Ursche.«

»Ach was, das braucht dir nicht leidzutun. Was sein muss,

muss sein. Wenn du fertig bist, schieb ich dich in die Gaststube ans Fenster. Der Großvater ist inzwischen von seinem
Mittagsschlaf aufgewacht, der freut sich, wenn du ihm ein
wenig Gesellschaft leistest.«

Der Großvater hockte in einem Sessel am Fenster. Er war
klein geworden in der letzten Zeit, das Gesicht eingefallen, vor
allem um den Mund herum, in dem keine Zähne mehr Platz
beanspruchten. Aber die Augen blickten noch wach und wie
immer freundlich.

»Schön, dass du da bist, Gretle. Bist so ein liebes Kind.«

»Aber ich bin fast erwachsen, Großvater.«

»Ja, ja.« Er nahm ihre rechte Hand und streichelte sie. Ob
er sie verstanden hatte, blieb unklar. »Bleib nur hier. Ist schön,
wenn wenigstens die Kinder ein wenig Zeit für die Alten finden. Die Eltern sind ja immer geschäftig. Deinen Vater seh ich
manchmal dort unten auf der Baustelle.«

Großvater und Enkelin schreckten zusammen, als plötzlich
die Fanfare einer Trompete erscholl.

Auch Tante Ursche trat ans Fenster. »Das ist der Turnverein«, meinte sie. »Die haben ihren Übungsplatz hinter dem
Garten.«

Margarete blickte gespannt hinunter. Auf dem Turnplatz
hinter der Gartenhecke marschierte eine Reihe junger Männer
auf. Alle trugen blaue, weite Hemden und weiße Hosen. Eine
Zeit lang hoben sie nach den Kommandorufen des Ersten in
der Reihe ihre auf Brusthöhe angewinkelten Arme, streckten
sie, winkelten sie wieder an. Nachdem sie das etliche Male
wiederholt hatten, kamen die Beine dran. »Hoch, runter,
hoch, runter, eins, zwei, eins, zwei«, im gleichen Rhythmus
schleuderten sie die gestreckten Beine von sich und nahmen
wieder Haltung an. Dann lief der Erste los, auf das Gerüst zu.
Einer nach dem anderen kletterte nach drei Kommandorufen

hinauf und sprang beim vierten ab. Margarete seufzte unwillkürlich. Denen gehorchten die Beine aufs Wort.

Zum Schluss stellten sich drei Männer ein wenig breitbeinig nebeneinander und hielten sich fest an den Armen. Zwei weitere sprangen an ihnen hoch, wobei andere ihnen Hilfestellung leisteten, indem sie ihre zusammengelegten Hände als Trittstufe anboten. Das Mädchen hielt den Atem an. Ein dritter kletterte über die Trittstufe hinaus, fand auf den Knien, Schultern und Armen der unteren Reihe Halt und stand schließlich allein ganz oben.

»Die Pyramide«, meinte Tante Ursche. »Die übt jetzt auch die Feuerwehr.«

»Das ist geblieben von der Revolution«, krächzte der Großvater, der ganz aufgeregt geworden war. »Ansonsten sind wir ja wieder Untertanen.«

»Aber Großvater, es gibt doch so viel Neues. Die Eisenbahn, die Manufaktur vom Vetter ...«

Sie hatte den warnenden Blick von Tante Ursche übersehen, denn damit hatte sie etwas gesagt, was den Großvater in Rage brachte.

»Was sollen die Maschinen schon Gutes bringen? Der Mensch geht dabei zugrunde. Alles wird schneller. Keiner findet mehr Ruhe. Sogar ich kann den Krach aus der Filzmanufaktur bis hierher hören. Und schon wird wieder gebaut. Der Mensch ist unersättlich.«

Verlegen schaute Margarete den Großvater an, der einen ganz roten Kopf bekommen hatte. Was sollte sie dazu sagen? Aber der Großvater wartete nicht auf eine Antwort. Er nickte mit dem Kopf, wie um sich selbst recht zu geben, und lehnte sich zurück. Die Augen fielen ihm zu. Dann fing er an zu schnarchen.

»Großvater wird jeden Tag schwächer. Schon die kleinste Aufregung ermüdet ihn.«

»Bin ich jetzt schuld?«, fragte Margarete kleinlaut.

Tante Ursche fasste sie beruhigend an der Schulter. »Ach was, wenn du es nicht gewesen wärst, wäre es die Fliege an der Wand gewesen. Er ist einfach alt. Nachmittags schläft er die meiste Zeit. Ob er noch lange lebt? Lass uns für ihn beten.«

1864

An den Stammtischen im »Rössle«, in der »Kanne« und im »Karpfen« war heute einmal nicht der Tod König Wilhelms I. von Württemberg das Thema. Auch nicht die Frage, was von dem neuen König zu erwarten sei, ob Karl I. die Pressezensur endlich aufheben würde und die Verordnungen, die das Vereinsleben beschränkten. Denn der Turnverein und die Sänger des Liederkranzes mussten immer noch damit rechnen, als Orte demokratischer Gedanken von der Polizei schikaniert zu werden. Nein, heute redeten alle von der Dampfmaschine, die Hans Hähnle für seine Woll-Filz-Manufaktur bestellt hatte.

Ganz Giengen war auf den Beinen gewesen, als die Wagen durch die Stadt fuhren, die das Wunderwerk der Technik vom Bahnhof in Heidenheim nach Giengen transportierten. Allzu viel war leider nicht zu sehen gewesen, denn die Maschine war in Einzelteile zerlegt und in Kisten verpackt. So waren die Handwerker und Ladenbesitzer bald enttäuscht an ihre Arbeitsstellen zurückgekehrt, verärgert, weil sie sich so unsinnig von der Arbeit hatten ablenken lassen. Die Jugend war johlend bis zum Wildbad hinter den Wagen hergelaufen. Beim Abladen hatten sie gestaunt, denn die Kisten schienen so schwer zu sein, dass man sie mit einem eigens gebauten Kran von den Wagen hieven musste. Mit Menschenkraft ließen sie sich nicht heben.

Die Männer fachsimpelten. Sie hatten so etwas wie eine Lokomotive erwartet; einige wussten, dass es in einer Dampfmaschine einen Dampfkessel gab, Wasser über einem Ofen erhitzt und in Kolben geleitet wurde.

»Das Prinzip ist das gleiche wie beim Kochtopf. Dort hebt der Dampf auch den Deckel an, wenn das Wasser kocht«, erklärte jemand großspurig. »Wenn man diesen Druck mithilfe von Zahnrädern über Transmissionsriemen auf ein Rad überträgt, dann bewegt sich dies.«

»Heidenei, das ist ja was ganz Neues. Der Hähnle hat doch längst ein Mühlrad, das sich bewegt. Dazu verhilft ihm die Brenz. Wasser ist genug da. Was braucht er da so ein Eisenungetüm?«

»Was dazu noch mit Feuer angetrieben wird. Er verbrennt klafterweise Holz. Ein teurer Spaß.«

»Ich hab gehört, er will den Eichenhammer, der im Walkloch auf die Wolle einschlägt, mit so einer Maschine antreiben. Und auch beim Spülen und Waschen des Filzes will er die Maschine einsetzen. Aber frag mich nicht, wie das gehen soll.«

»Das weiß der Hähnle wohl selbst noch nicht.«

»Aber eines ist sicher: Er wird viel Dampf machen. Dafür hat er ja schon einen riesigen Schornstein gebaut. Und ob wir über Giengen dann weiterhin die Sonne scheinen sehen, ist fraglich.«

Das hielten viele für einen Witz, andere hielten die ganze Sache für Wahnsinn und prophezeiten den baldigen Untergang der Filze. Doch es gab auch Leute, die an den Fortschritt glaubten. »Der Hähnle ist ein schlauer Kerle, der weiß schon, was er tut. Wartet nur ab. Der macht euch allen noch etwas vor.«

»Wenn wir etwas brauchen in Giengen, dann ist es Arbeit. Vor allem jetzt, da die Gewerbefreiheit die Zünfte nicht mehr schützt.«

»Ja, mit der alten Heimweberei ist es zu Ende. Und es können ja nicht alle Weber nach Amerika gehen. Die Filze ist unsere einzige Hoffnung. Gnade uns Gott, wenn der Hähnle sich verschätzt.«

Margarete hatte die Woche über in der Klingelmühle geschafft. Aber an diesem Abend durfte sie ihre Zither nicht hervorholen, denn niemandem war nach Singen zumute.

Beim Aufstellen der Maschine war einiges schiefgegangen. Entweder passten nicht alle Teile zusammen oder Hans war mit der Technik doch weniger vertraut, als er behauptet hatte. Er war gar nicht erst zum Essen nach Hause gekommen, sondern saß wohl mit einem Freund im Wildbad noch über den Bauplänen der Maschine.

Der alte Klingelmüller schaufelte seine Spätzle ohne ein einziges Wort in sich hinein. Tante Apollonia schaute ihn alle paar Augenblicke beunruhigt an und schenkte ihm heute ein besonders großes Bier ein. Christine, Marie und Margarete starrten auf ihre Teller.

Plötzlich stand der Alte auf. »Ich geh mal rüber ins Wildbad und schau nach.«

»Bitte Johann, tu das nicht. Es gibt nur wieder Streit.«

Das Gesicht Johann Jakob Hähnles lief rot an. »Gibt es dafür nicht Grund genug? Wie viele Felder hab ich bereits verkauft, um meinen Herren Söhnen ihre neumodischen Ideen zu finanzieren. Und wozu? Um mich zum Gespött der Stadt zu machen!«

»Wieso vertraust du Hans nicht? Der ist herumgekommen in der Welt. Wir leben halt in einer neuen Zeit.«

»Ach was. Was musst du deine Hände immer über den Hans halten? Wo er doch nur dein Stiefsohn ist. Neue Zeit! Ein Luftikus, der seine verrückten Ideen auf meine Kosten umsetzen will. Aber ich sag dir, keinen Heller werd ich ihm erlassen. Jedes Jahr verlang ich pünktlich meinen Zins, das verspreche ich dir. Jahr für Jahr!«

»Er wird schon pünktlich zahlen.«

»Die Klingelmüllers sind, seitdem sie ihr Lehen von Kaiser Maximilian verliehen bekommen haben, sorgsam damit umgegangen.«

»Ja, das weiß auch Hans. Und Melchiors Buchführung ist genauso ordentlich wie die aller Klingelmüllers zuvor. Du kannst sie dir jederzeit ansehen.«

»Melchior hat eine feine Schrift und Papier ist geduldig. Aber sieh dir den Filz an. Der taugt gerade mal für Pferdedecken und solche Teppiche, wie Ursche sie zusammenknüpft. Während unsere Mühle kaum Aufträge hat.«

»Das liegt an der schlechten Ernte, nicht am Hans. Der Filz wird jeden Tag feiner.«

»Jetzt kann ich nicht mal mehr meinen Zorn im Rössle herunterspülen. Würde mich nur zum Gespött machen.«

»Zu Hause schmeckt das Bier genauso gut. Mein schöner Zwetschgenschnaps ist auch nicht zu verachten. Der beruhigt. Ich bring inzwischen das Gretle ins Bett.«

An jedem anderen Abend hätten die beiden Mädchen protestiert, aber heute war es ihnen recht, der dicken Luft in der Stube zu entkommen. Marie wünschte dem Vater furchtsam eine gute Nacht, während sie an guten Tagen zärtlich ihre Arme um seinen Hals legte. Was sich der Alte von seiner jüngsten Tochter brummelnd gefallen ließ.

»Wenn nun Hans und Melchior ihr Geschäft ruinieren und der Vater kein Mehl mehr zum Mahlen bekommt, was wird dann aus uns?«, fragte Marie flüsternd die Base, als sie nebeneinander im Bett lagen.

»Das wird schon nicht passieren. Ihr habt noch so viele Felder. Ihr seid reich. Und glaubst du, Hans würde bei meinem Vater ein neues Gebäude in Auftrag geben, wenn Gefahr bestünde, dass aus der Filzproduktion nichts wird?«

Das leuchtete ein, aber beruhigt war Marie nicht. Sie schlief unruhig, trat mit den Beinen um sich, sodass auch Margarete nicht schlafen konnte. Zum ersten Mal wäre sie lieber zu Hause gewesen.

In der folgenden Zeit verbrachte Margarete viel Zeit mit ihrer Zither. Es war inzwischen mehr als nur Spielerei, und das hatte sie dem netten Herrn Link zu verdanken, der sich regelmäßig nach ihr erkundigte. Seit er ihr damals in der Kinderheilanstalt seinen Nachtisch aus dem Gasthof gebracht hatte, hoffte er mit ihr auf die Heilung ihrer Glieder. Nachdem er die neue Orgel für die Stadtkirche gebaut hatte, hatte er sich fest in Giengen niedergelassen. Zusammen mit seinem Bruder betrieb er eine Orgelbaufirma, die viele Aufträge bekam.

»Was macht die Zither? Kommst du voran?«, fragte er.

»Wenn ich ehrlich bin, nicht so richtig. Ohne Unterricht nützt das Üben wenig. Aber ich spiele einige Lieder recht sicher, und da freuen sich alle, wenn wir zusammen singen.«

»Das ist nicht gut, immer nur das Gleiche zu spielen. Wenn du dir die Musikstunden nicht leisten kannst, so vielleicht doch ein Buch. Es gibt jetzt Bücher zum Selbstunterricht für verschiedene Instrumente. Wenn du willst, kann ich dir eine solche Zitherschule bestellen.«

Margarete nickte begeistert. Zum ersten Mal nahm sie etwas Geld aus ihrem Spartopf. Anfangs verwirrten die Erklärungen und Zeichnungen im Buch, aber dann merkte sie, dass es Übungen waren, die ihr halfen. Es ging offensichtlich nicht nur ums Üben, man musste auch wissen, wie.

Eines Tages bestellte Herr Link sie mit der Zither zu sich und ließ sich etwas vorspielen. Er schien zufrieden. »Ich hab mich nicht getäuscht«, erklärte er schmunzelnd. »Weißt du, ich habe dir die Zitherschule nämlich nur besorgt, damit ich eine gute Lehrerin für meinen Sohn und meinen Neffen bekomme.«

»Wie? Ich … Sie wollen, dass ich den Buben Unterricht gebe?«

»Ja, und hoffentlich noch vielen anderen. Für die Orgel sind die beiden noch zu klein, aber mit der Zither können sie ruhig beginnen. Und bei dir sind sie in guten Händen.«

Als er ihr den Lohn nannte, den sie bekommen würde, starrte sie ihn ungläubig an. »Ja, ja, das ist schon richtig. Die Musiklehrer an unserer Musikschule bekommen einen weit höheren Lohn.« Es war mehr, als sie mit Nähen verdiente, und so freuten sich die Eltern mit ihr über den Erfolg.

Mit den Buben umzugehen war jedoch nicht ganz leicht. Anfangs waren sie begeistert und wollten unbedingt ein Instrument spielen lernen. Aber als sie merkten, dass sie jeden Tag üben mussten und trotzdem nicht sofort so herrliche Töne entstanden, wie ihre Väter sie auf der Orgel erzeugen konnten, verloren sie die Lust. Aber da waren sie bei Margarete an die Falsche geraten.

»Wenn eure Väter es so gut mit euch meinen, dass sie ihr Geld dafür ausgeben, euch Zitherspielen lernen zu lassen, dann solltet ihr dankbar sein und eifrig üben.«

Das zeigte Wirkung. Die beiden begriffen schnell, auch dass bei Margarete keine Entschuldigungen und Ausflüchte galten. Sie wussten: Wenn sie ordentlich geübt hatten, wurden sie gelobt und mit der Zeit machte es richtig Freude, gemeinsam zu musizieren. Die anfängliche Unsicherheit der Lehrerin, ob sie mit den Buben fertigwerden würde, war verflogen. Schon in der Schule hatten die anderen getan, was Margarete wollte, da war es doch nicht weiter verwunderlich, wenn das mit den fremden Kindern auch gelang.

Als Tante Susanna heiratete, zog sie ein paar Dörfer weiter die Brenz hinunter nach Bergenweiler. In einem jungen Haushalt gab es natürlich viel zu nähen, da lag es nahe, dass Onkel Joos

Margarete für ein paar Wochen holte. Eine kleine Reise nur, aber immerhin: ein kleines Abenteuer. Mit dem Pferdewagen an der Klingelmühle und der Filzmanufaktur vorbei zur Stadt hinauszufahren, immer an der Brenz entlang. Die Geschichte vom Adlerjungen, das fliegen lernte, fiel ihr wieder ein, die sie als Kind der Bärbel erzählt hatte. Nur dass sie selbst keine Angst davor hatte, ihr Nest zu verlassen.

Die Welt öffnete sich vor ihr, sie konnte weithin in die Landschaft schauen, sah die Wolken über sich, die hier draußen viel mehr in Bewegung schienen als über der Stadt, sich an einzelnen Stellen zusammenballten, so dunkel wurden, dass Onkel Joos das Pferd antrieb, weil er mit einem kräftigen Regenguss rechnete. Aber die Wolken waren schneller. Einmal konnten sie in der Ferne sehen, wie sie sich entluden, der Regen einen Vorhang über der Landschaft bildete, der die Sonne abschirmte. Ihr hätte es gefallen, wenn das Wasser über ihnen heruntergegangen wäre und der Wind an ihren Haaren und Kleidern gezerrt hätte. Wind, der in die Wagenräder fuhr und die Pferde antrieb; Wasser, das ihre Haut und das Fell der Pferde peitschte. Selbst Blitz und Donner hätte sie nicht gefürchtet. Aber auf ihrem Weg blieb es trocken. Schade.

Tante Susanna und Onkel Joos waren jung und lustig. Margarete hatte viel zu tun und musste der Tante alle Ereignisse der letzten Zeit in Giengen haarklein beschreiben. Was die Schwestern schrieben, wie es Pauline gefiel, die jetzt in Neresheim als Zimmermädchen in der Spinnerei arbeitete, und dass es Pläne gab, sie wieder nach Hause zu holen, um der Mutter zu helfen.

»Verlobt hat sich noch keine?«

»Pauline meint, sie habe in Augsburg ziemlich viel gelernt, was sie in der Spinnerei nur vergesse und einen passenden Mann würde sie als Dienstmädchen sowieso nicht finden. Der würde sie auch in der Ehe nur für eine Dienstmagd halten. Pauline weiß, was sie will. Die lässt sich nichts gefallen.«

»Da kenne ich noch andere Mitglieder aus der Familie Steiff.« Onkel Joos war ins Zimmer gekommen. Er lachte.

»Eine, die nicht weiß, was sie will, wird nur ausgenutzt. Wenn ich nicht ein wenig unverfroren wäre, käme ich zu gar nichts. Dann säße ich nur bei uns in der Stube herum. Die Hähnles wissen übrigens auch genau, was sie wollen.«

»Das habe ich bereits bemerkt.« Er schaute seine Frau vergnügt an.

Die war rot geworden. »Aber so schlimm bin ich nun wirklich nicht.«

»Wie man's nimmt.«

»Wenn die Männer auch danach beurteilt würden, ob sie ihren Frauen gehorchen, dann kämen die meisten ziemlich schlecht weg.«

»Holla, Gretle, wer hat dir denn solch aufrührerische Gedanken ins Hirn gesetzt?«

»Die braucht niemand da reinzusetzen, die springen von ganz allein heraus.«

Alle drei lachten.

»Ich glaub, ich geh lieber noch mal in die Werkstatt runter, sonst lasst ihr Weibsbilder gar nichts von mir übrig.«

Als er gegangen war, flüsterte Tante Susanna: »Ich glaub, du solltest dein Mundwerk ein wenig besser hüten.«

»Aber das war doch nur Spaß. Onkel Joos hat auch gelacht.«

»Trotzdem ... Du hast noch nichts von Marie erzählt und wie die beiden ihre Stellen überhaupt gefunden haben?«

»Über die Frau Vikar. Die kennt überall Leute und hat sie empfohlen. Ich glaube, Marie will auch heim, und die Mutter braucht dringend Hilfe. «

Die Tage vergingen wie im Flug und am Abend wurde musiziert. Wenn das Leben doch immer so unbeschwert wäre!

Nach ihrer Heimkehr las Margarete in einer Zeitschrift, die

sie von Tante Apollonia bekommen hatte, einen Artikel über einen Arzt, Ludwig Seeligmüller. Der hatte eine Krankheit untersucht, die er »spinale Lähmung« nannte. Er beschrieb den plötzlichen Beginn der Krankheit, das Fieber, die Empfindlichkeit der Kranken. Er behauptete, nach Abklingen des Fiebers könnten die Kinder sich nicht mehr aufrichten. Das gebe sich meistens wieder, auch könne in der ersten Zeit der Besserung die Kraft in die gelähmten Glieder zurückkehren. Wenn sich die Muskeln in den Beinen aber einmal zurückgebildet hätten und diese Glieder nicht mehr wachsen würden, gebe es keine Aussicht auf Heilung mehr. Anders sehe es bei den Armen aus. Oft seien nur einzelne Muskeln von der Lähmung betroffen, sodass Teile der Hand durchaus gebraucht werden könnten. Nach ein paar Jahren bliebe der Zustand unveränderlich. Die Patienten wären ein Leben lang gelähmt, auffällig sei jedoch, dass sie sich ansonsten einer stabilen Gesundheit erfreuten.

Margarete las den Artikel mehrmals. Das war eine andere Krankheit. Nicht ihre. Bei ihr war das nicht so gewesen. Sie war lange krank gewesen. Das hatte ganz anders ausgesehen. Sie würde die Mutter fragen, die würde ihr das bestätigen. Doch in der Nacht weinte sie und blieb in den nächsten Tagen merklich still.

Es dauerte ein paar Tage, aber schließlich gestand sie sich ein, dass die Beschreibung genau auf ihre Krankheit passte. Sie brauchte die Mutter nicht mehr zu fragen. Das Fieber, das sie als Kind befallen hatte, war bei ihr genauso plötzlich gekommen, wie gegangen. Sie hatte die Geschichte oft gehört. Zuerst hatte sie auch nicht sitzen können. Wenn sie ihre Beine und den rechten Arm anschaute, wusste sie, dass die sich nicht mehr verändern konnten. Im Stillen machte sie Gott täglich Vorwürfe.

Doch dann ertappte sie sich dabei, dass sie fröhlich vor sich hin summte, mit ihren Zither-Schülern lachte, mit Fritz eine steile Gasse herabsauste und sich freute, als Onkel Joos sie wieder einmal mit dem Wagen holte. Die Felder, die Blumen, die Tiere, die Wolken, der Sonnenschein, das alles war auch für sie da. Sie hatte eine Familie, die für sie sorgte, Arbeit und die Musik, die sogar Geld einbrachte. Sie war ein Krüppel, aber nicht nutzlos. Sie würde nie laufen können, aber dafür hatte sie ein Mundwerk, das sich gewaschen hatte. Sie würde ihre Hoffnung nicht mehr auf die Ärzte setzen. Das machte sie nur unglücklich. Sie würde ihr Leben in die Hand nehmen. Wer wusste, was es noch bringen würde. Und so sagte sie sich: »Gott hat es für mich so bestimmt, dass ich nicht gehen kann. Es muss auch so recht sein.«

Neue Zeiten, neue Wege

1868

»Marie, hilfst du mir zum Waschtisch?«

»Pscht. Lass Pauline schlafen. Ihr seid doch eben erst ins Bett gegangen.«

»Stimmt, wir haben wirklich fast die ganze Nacht durchgearbeitet. Bis in den Morgen hinein. Die Vögel haben uns mit einem herrlichen Konzert belohnt. Alle Aufträge sind erledigt. Heute, am Feiertag, können sich alle unsere Kundinnen in neuen Kleidern zeigen. Es war bereits hell, als wir zu Bett gingen, aber trotzdem kann ich nicht länger schlafen.«

Marie half Margarete auf ihren Stuhl und schob ihn vor die Waschschüssel. »Ich komm gleich wieder. Wenn du fertig bist, kannst du an die Wand klopfen. Der Kaffee zieht bereits auf dem Herd. Und heute gibt es ein Butterbrot dazu.«

Als Margarete angezogen am Tisch saß, bat sie ihre Schwester Marie, sich zu ihr zu setzen. »Du siehst schlecht aus. Du arbeitest viel zu viel. Der Haushalt, die Mutter, die Arbeit mit mir … und dann hilfst du auch noch Pauline und mir beim Nähen. Gestern Abend hatte der Nachtwächter Jonathan bereits die Mitternachtsstunde ausgerufen, als du endlich ins Bett gegangen bist.«

»Ihr habt doch noch viel länger durchgehalten.«

»Das wäre ja auch noch schöner, wo du den ganzen Haushalt machst.«

»Manchmal schaff ich es wirklich kaum. Aber wenn ihr zwei so unermüdlich seid …«

Die Tür ging auf und Pauline betrat gähnend und noch ein wenig zerzaust und käsig im Gesicht das Zimmer. »So eine Kraft wie unser Gretle haben wir beide nicht. Die ist ein richtiges Nachtgespenst, während ich nur müde werde. Und heute Morgen kann ich zwar nicht mehr schlafen, aber ich fühle mich ganz elend.« Sie ließ sich auf den Stuhl fallen. »Für mich nur Kaffee. Essen kann ich jetzt nichts«, erklärte sie Marie, als diese Anstalten machte, ihr das Frühstück zu richten.

»Du hast recht, Pauline. Unkraut ist halt widerstandsfähig. Krank werde ich nie. Ich weiß gar nicht mehr, wann ich die letzte Erkältung hatte. Kopfschmerzen, Mattigkeit, das ist mir alles fremd. Aber mir reichen auch die schlimmen Beine und der Arm. Und besonders schnell geht bei mir nichts.«

»Aber das machst du mit deiner Ausdauer wett.«

»Wenn man einen Auftrag annimmt, muss man ihn zu Ende bringen. Da gibt es keine Entschuldigung.«

»Ich bin vom Klopfen an der Tür wach geworden.«

»Das war die Käthe, die ihr Kleid abgeholt hat. Sie hat es noch mal anprobiert. Es passte wunderbar.«

»Bei aller Liebe, aber das hätte ich heute nicht wieder aufgetrennt.«

»Habt ihr eigentlich in die neue Modenwelt geschaut? Die liegt hier schon seit vorgestern.«

»Wo sind denn die Eltern und Fritz?«

»Noch in der Kirche. Aber dafür ist es jetzt zu spät.«

Die drei Schwestern breiteten das Modeblatt vor sich auf dem Tisch aus. Auf den ersten Seiten wurden die neuesten Modelle aus Paris vorgestellt: Kaiserin Eugénie und ihr Gefolge trugen Krinolinen, Kleider mit einem unglaublich weiten Rock, von zwölf Metern Stoff war die Rede. Sie wurden von einem Drahtgestell gehalten, für das neunzig Ellen Draht verarbeitet werden mussten. Die allerneueste Kleiderform stand nach hinten besonders weit ab. Auf der ersten Seite war die

Kaiserin in solch einem Kleid dargestellt, was die Mädchen ungläubig staunend in wildes Lachen ausbrechen ließ. Pauline blätterte weiter. Hier wurden schon etwas weniger aufwändige Modelle abgebildet, für die eine Fabrik in Sachsen die Gestelle lieferte. Dazu wurden geschnürte Korsetts empfohlen, die durch Fischbeinstäbe in Form gebracht wurden. Ausdrücklich wies die Verfasserin des Artikels darauf hin, dass eine Krinoline nur dann vorteilhaft aussehe, wenn sie sich aus einer Wespentaille entfalte und dazu mit Volants, Biesen und Litzen verziert sei.

»Meine Güte, diese Mode gibt es offenbar auch schon in deutschen Städten. Ob man das überlebt, in so ein Fischbeinkorsett eingeschnürt zu sein?«

»So ein Kleid muss sündhaft teuer sein. Wenn wir solche Aufträge bekommen, können wir unser Geschäft schließen. Solchen Aufwand schaffen wir nie.«

»Aber schau mal hier, das Hutmodell. Das ist für Pauline ein Kinderspiel. Und da ist auch wieder ein Stickmuster für mich.«

»Ja, den Hut werde ich nacharbeiten. Der Filz von den Klingelmüllers ist inzwischen so gut, dass er sich ideal für Hüte eignet. Mal sehen, eine Straußenfeder, wie man sie in Paris trägt, passt dazu nicht, aber mit einer Entenfeder lässt er sich auch in Giengen verkaufen.«

»So einen solltest du für dich selbst machen. Wenn du mit Fritz Röck wieder zum Tanzen gehst ... Hat er dir inzwischen einen Antrag gemacht?«

Pauline war ganz rot geworden. »Lasst eure Sticheleien. So weit sind wir noch lange nicht. Fritz hat an einer technischen Schule in Stuttgart studiert und muss erst eine Arbeit finden. Das ist alles ziemlich schwierig. Er weiß selbst nicht, wo es hingehen wird. An der Schule haben sie den Studenten immer wieder gesagt, dass sie gute Chancen für die Zukunft hätten, aber die Zukunft hat wohl noch nicht angefangen. Es gibt noch nicht viele Fabriken, die Ingenieure suchen. Er war jetzt beim Militär, da musste er gleich gegen die Preußen ziehen. Zum Glück ist ihm in der Schlacht bei Tauberbischofsheim nichts passiert.«

»Was lernt man eigentlich auf so einer Schule?«

»Weiß ich auch nicht so recht. Ich glaube, wie man Maschinen baut und repariert.«

»Dann kann ihn sicher der Hans in der Filzmanufaktur gebrauchen. Mit der Dampfmaschine hat es wohl eine Katastrophe gegeben. Jetzt hat er eine neue bestellt. Aus England.«

»Und einen englischen Ingenieur dazu.«

»Fritz meint auch, dass englische Maschinen viel besser sind als unsere. Dort sind sie ja auch erfunden worden. Aber seht mal da unten in der Modenwelt. Da wird auch eine Maschine angeboten. Eine Nähmaschine. Einfach zu bedienen, steht da. Wenn wir so eine hätten, könnten wir auch Krinolinen nähen.«

»Du bist verrückt. Das können wir uns niemals leisten.«

»Unser Spartopf ist voll. Und Fritz sagt, wer es zu etwas bringen will, muss neue Wege gehen. Warum nicht auch wir? Wenn wir nicht damit zurechtkommen, kann uns Fritz vielleicht helfen.«

Alle drei waren ganz aufgeregt. Eine eigene Maschine. Wie Hans Hähnle. Viel kleiner zwar, aber immerhin: eine Maschine.

»Wie wird die denn angetrieben? Doch wohl nicht mit Wasser oder Feuer? So etwas Gefährliches würde uns die Mutter nie erlauben.«

»Nein, hier steht: Mit der Hand wird eine Kurbel gedreht, welche die Maschine antreibt. Die Stiche werden gleichmäßig und die Nähte gerade. Ganz einfach und sauber. Auch für junge Mädchen geeignet. – Vielleicht kann auch Margarete damit nähen.«

»Das glaubst du doch selber nicht. Das wäre … wenn es wirklich so leicht wäre.«

Sie sprachen von nichts anderem mehr, mit Fritz Röck, der die Idee wunderbar fand, mit ihrem Bruder Fritz und dem Vater, die beide ein wenig skeptisch waren, es aber auf den Versuch ankommen lassen wollten. Schließlich bestellten die drei jungen Damen die Maschine, die mit der Bahn von Frankfurt nach Heidenheim geliefert wurde. Von dort mussten sie das schwere Eisenteil mit einem Wagen abholen lassen. Die erste Nähmaschine in Giengen!

Die Maschine war wirklich nicht schwer zu bedienen. An Geschick fehlte es Pauline nicht. Nach ein paar Tagen fädelte sie den Faden in die Nadel, als hätte sie nie etwas anderes getan – obwohl die Nadel nicht ganz leicht zu erreichen war und der Faden leicht riss, wenn sie zu stark an der Kurbel drehte. Überhaupt musste das Drehen der Kurbel geübt werden, damit die Naht gleichmäßig geriet. Ein paar Mal verhedderte sich der Stoff, für den sie ja nur noch die linke Hand frei hatte.

Für Margarete war die Maschine eine Enttäuschung, denn für die Handkurbel brauchte man Kraft. Und die hatte sie in der rechten Hand nicht.

1871

Margarete konnte nicht einschlafen. Jetzt ging es also los mit dem Heiraten. Davor fürchtete sie sich schon seit geraumer Zeit. Mit den Schwestern zusammen hatte sie sich immer sicher gefühlt. Pauline war geschickt und einfallsreich und traute sich vieles zu. Sie selbst, Margarete, war unverwüstlich; Marie erledigte den Haushalt. Das hatte alles gut zusammengepasst. Die Nähstube der drei Schwestern hatte einen guten Ruf und an Aufträgen fehlte es nicht.

Dabei hatte sie immer gewusst, dass es so nicht bleiben würde. Es war nur ein Aufschub. Irgendwann würden ihre

Schwestern andere Wege gehen und sie würde allein zurückbleiben. Und dann?

Pauline hatte sie bereits im letzten Jahr verlassen, als ihr Mann eine Anstellung in einer Fabrik für Holzschleifmaschinen bekam, die ihn zuerst nach Österreich und dann weiter nach Schweden schickte. Unendlich weit weg – und doch jetzt mit der Eisenbahn in wenigen Tagen zu erreichen.

Die Eltern hatten sich furchtbar aufgeregt: Schweden, ein Land außerhalb ihrer Welt, von dem man wenig wusste, außer dass es dort schrecklich kalt war und im Winter meterhoch der Schnee lag. Vor wenigen Jahren wäre die Reise dorthin ein gefährliches Abenteuer mit ungewissem Ausgang gewesen, wochenlang hätten die Reisenden mit Kutschen und Schiffen unterwegs sein müssen. Eine Reise, ähnlich ungewiss wie die nach Amerika, wenn auch nicht ganz so weit. Und eine schwäbische Firma hätte ihre Leute niemals dahin geschickt. Was hätte eine deutsche Firma dort zu tun gehabt? Aber jetzt war das anders.

Pauline schrieb viele Briefe nach Hause. Sie hatte schon viel erlebt. Zuerst die Reise zum Meer mit der Eisenbahn, nur wenige Tage vor Ausbruch des Krieges zwischen Preußen und Frankreich, in den nun auch die süddeutschen Staaten verwickelt waren. Ein paar Tage später wären die Schwester und ihr Mann als Zivilpersonen gar nicht mehr befördert worden. Dann überquerten sie das Wasser mit einem Dampfschiff und mussten mit Koffern und Kisten noch einmal in die Eisenbahn umsteigen und durch ein Land fahren, das ihr nur aus Wasser zu bestehen schien.

Als sie angekommen waren, verstanden sie die Sprache nicht, das Essen war fremd, es gab dauernd Fisch – frisch, geräuchert oder getrocknet. Und was das Schlimmste war: Sie fühlte sich als Deutsche von den Schweden verachtet. Wie kamen diese Menschen nur darauf, die Deutschen für rückständig, ja geradezu barbarisch zu halten?

Zwischen den Zeilen las Margarete Paulines Heimweh. Aber das nützte nichts: Wenn die Firma Fritz nach Schweden schickte, blieb den beiden nichts anderes übrig, als zu gehen. Dass man heutzutage so einfach nach Schweden geschickt werden konnte! Pauline würde ihr erstes Kind im fremden Land bekommen. Man konnte nur hoffen, dass sie irgendwann zurückkommen durften.

Die nächste, die heiratete, war Margaretes Base Marie. Die Freundin würde ihr genauso fehlen wie die Schwestern, selbst wenn sie in Giengen bleiben sollte. Aber die gemeinsamen Tage beim Aussteuernähen waren dahin. Natürlich würde Marie sie zum Nähen brauchen. Doch auch Marie konnte sie nicht ein Leben lang zu sich nehmen. Ob genug andere Leute ihr Aufträge geben würden? Und würde sie die allein bewältigen? Sie konnte ja nicht einmal die Nähmaschine bedienen.

Marie war eine so gute Freundin. Alles, alles konnten sie sich erzählen. Mit Marie zusammen zu arbeiten war immer ein Vergnügen. Sie lachten, sie sangen zusammen, und zu zweit ging ihnen die Arbeit gut von der Hand. Das würde so bleiben, da war Margarete sich sicher. Auch wenn Marie sich in der letzten Zeit verändert hatte, ein neues Gefühl in ihr entstanden war. Sie hatte sich in Adolph Glatz verliebt und war inzwischen mit ihm verlobt. Doch nun konnte sie es kaum ertragen, dass er als Soldat in den Krieg gegen Frankreich eingezogen war und sie in Giengen allein zurückbleiben musste. Sie fürchtete um sein Leben, um seine Gesundheit, um ihre gemeinsame Zukunft und weinte sich bei Margarete aus.

Während des Krieges hatte Margarete fast die ganze Zeit über in der Klingelmühle gewohnt, weil Marie sie darum gebeten hatte. Es gelang ihr, die einsame Braut zu trösten und darüber ein wenig die dunklen Wolken am Horizont ihres eigenen Lebens zu vergessen. Ob Marie ihre Sorgen überhaupt spürte? Sie lebte im Augenblick ganz in ihrer Verliebtheit und der Sorge um ihren Verlobten, den sie zum schönsten, tüchtigsten und liebenswertesten Menschen von ganz Württemberg erklärte.

Margarete beobachtete staunend, wie Marie dabei erwachsen wurde. Aus dem über alles und jedes giggelnden Mädchen wurde eine junge Frau. Das Gesicht verlor die kindlichen Rundungen, wurde ein wenig straffer, die spitzbübischen Augen schienen dunkler, leuchteten von innen heraus, obwohl sie ernster in die Welt blickten.

Sie begann sich für den Hintergrund des Krieges zu interessieren. Die Franzosen hatten Preußen den Krieg erklärt – wieso mussten da württembergische Soldaten mit den Preußen ziehen, die bislang Württembergs Feinde gewesen waren? Die beiden jungen Frauen verstanden das nach wie vor nicht. Aber sie wussten, dass der Krieg gefährlich war. Adolph hatte bereits im 66er Krieg gegen die Preußen gekämpft. Er kam aus einer Soldatenfamilie und war daher ganz selbstverständlich in die württembergische Armee eingetreten, hielt inzwischen aber nicht mehr viel vom Kriegsdienst. 1866 hatte er sich in einer Proviantkolonne hinter der Front herumgedrückt. So durfte man hoffen, dass er auch diesmal nicht die Gefahr suchen würde.

Marie holte häufig eine von Hans' Zeitungen hervor. Vom französischen Erbfeind aller Deutschen war da die Rede, den es ein für alle Mal zu besiegen gälte. Die kriegerische Sprache machte ihnen Angst. Aber zum Glück berichteten die Zeitungen meistens von deutschen Siegen.

Fritz hatte seine Schwester wieder einmal den Schießberg hochgeschoben, damit sie die Siegesfeier nicht verpasste. Fahnen, eine Musikkapelle, Uniformen, blinkende Helme und Degen. Acht große Löcher waren in einem weiten Kreis ausgehoben worden, acht Lindenbäume wollte man zur Feier des Sieges über Frankreich pflanzen. Ein feierlicher Augenblick.

Der Bürgermeister lobte die Tapferkeit der Giengener Soldaten, die im Elsass und in Paris unter der Führung des preußischen Kronprinzen gekämpft hatten. Als dessen Name fiel, ging ein Raunen durch die Festversammlung. In die anschließenden Hochrufe auf das Deutsche Reich, zu dem auch Giengen und ganz Württemberg nun gehörten, fielen manche Anwesenden nur zögernd ein. Ein Deutsches Reich ... Wo war das so schnell hergekommen?

Der Norddeutsche Bund und die süddeutschen Staaten waren zusammen gegen Frankreich gezogen und jetzt plötzlich geeint. Im Spiegelsaal von Versailles war ein Deutsches Reich ausgerufen worden, was den Württembergern völlig unerwartet einen preußischen Kaiser bescherte. Und eine neue schwarz-weiß-rote Fahne.

»Wenn das der Großvater sehen würde«, murmelte Fritz vor sich hin. »Ein Deutsches Reich ohne seine geliebte schwarz-rot-goldene Demokratenfahne.«

Inmitten ihrer Geschwister stand Base Marie, die immer wieder zärtlich zu ihrem Verlobten hinüberschaute. Adolph Glatz hatte den Krieg unbeschadet überstanden. Zehn Jahre älter war er als Marie, ein hochgewachsener Mann, mit gerader Haltung und guten Manieren. »Den schönen Adolph« nannten ihn Maries Brüder, wenn sie die kleine Schwester ärgern wollten. Damit hatten sie recht, das musste Margarete zugeben. Adolph war ein ungewöhnlich gut aussehender Mann, dem die bunte Uniform prachtvoll stand. Er war ein Freund von Hans, Kaufmann von Beruf und in der Papierfabrik Voelter in Gerschweiler angestellt.

Nun löste sich Adolphs Blick von dem Redner und wanderte über die Zuschauer zu Marie. Sein Gesicht veränderte sich. Das Lächeln, das er zu seiner Verlobten hinüberschickte, versetzte Margarete einen Stich. Einen solchen Blick würde ihr niemals ein Mann zuwerfen. Verstohlen schaute sie nach

Marie, deren Gesicht rot übergossen strahlte. Margarete biss sich auf die Lippen. So also sah das Glück aus, von dem sie höchstens ein Schatten streifen würde. Rasch blickte sie wieder zu dem Redner hinüber. Hoffentlich war niemand ihren Blicken gefolgt. War sie etwa auch rot geworden?

Am Abend saßen sie alle zusammen um den Tisch in der Klingelmühle. Die Männer erhoben ihre Gläser.

»Auf den Frieden«, sagte Adolph Glatz. »Das soll der letzte Krieg gewesen sein, in dem ich die Uniform getragen habe.«

Sein Neffe Julius fragte erstaunt: »Wieso? Einen Sieg zu feiern ist doch immer schön.«

»Aber nicht in Eilmärschen durch Frankreich zu ziehen, in Kälte, Regen und Wind. Immer wieder kleinere Schlachten und Geplänkel. Oft genug mussten wir mit dem Bajonett dreinstechen, weil uns in den Dörfern beim Konfiszieren der Kühe, die uns ein wenig den Hunger nehmen sollten, die Dorfbewohner mit Mistgabeln entgegentraten. Die Franzosen wussten eigentlich genauso wenig wie wir, warum wir aufeinander losgingen.«

»Aber Bismarck, der preußische Fuchs, wusste es. In der Allgemeinen Deutschen Zeitung stand, dass er auf diesen Krieg gehofft hat. Es wurde sogar vermutet, dass er während der diplomatischen Auseinandersetzungen Preußens mit Frankreich Öl ins Feuer gegossen habe.« Hans Hähnle wusste natürlich wieder einmal besser Bescheid als alle anderen.

»Das kann doch wohl nicht sein?« Julius war perplex. Er war wie alle anderen überzeugt, dass Frankreich den Krieg gewollt hätte. Aber Hans Hähnle las auch auswärtige Zeitungen. Da wusste man es vielleicht besser.

Hans wiegte zweifelnd den Kopf. »Wer weiß. Die Preußen waren im Gegensatz zu Frankreich verdammt gut für den Krieg gerüstet. Und spätestens nach der Gefangennahme Louis Napoleons war die Monarchie am Ende.«

»Müssen wir das in Anwesenheit der jungen Damen diskutieren?«

»Hast ja recht, Adolph. Das Ergebnis ist vermutlich nicht schlecht. Dass wir jetzt ein geeintes Deutsches Reich haben, ist für unsere wirtschaftliche Entwicklung sicher von Vorteil. Nur werden die Preußen versuchen, uns über den Tisch zu ziehen.«

»Das Gewicht Preußens in diesem Reich wiegt schwer.«

»Was ist denn aus Napoleon III. und seiner Kaiserin Eugénie geworden?«, fragte Julius dazwischen.

»Die haben sich nach London gerettet. Allerdings in ihrem Lebensstil ein wenig eingeschränkt.«

»Und was ist aus ihren Kleidern geworden?«, platzte Margarete heraus. »In den Modezeitschriften wurde Kaiserin Eugénie immer wieder als die Frau mit den meisten und teuersten Kleidern Europas beschrieben.«

»Die sind wohl in Paris geblieben«, schmunzelte Adolph. »Die Zeiten für solch fürstlichen Luxus sind vorbei. Als ich auf meinen Reisen vor dem Krieg in Paris war, haben sich die Franzosen genug darüber aufgeregt und trotzdem diese Kleider ...«

»Krinolinen«, ergänzten Marie und Margarete unisono.

»Also diese Krinolinen mit dem Riesenhintern getragen. Soweit die Damen sich das leisten konnten.«

»Dann wird es sie in Giengen – vermutlich in einer kleinbürgerlichen Variante – auch bald geben. Es wird aufwärtsgehen. Der Herr Bismarck lässt sich diesen Krieg fürstlich bezahlen. Die Reparationen, die die Franzosen leisten müssen, sind beträchtlich. Und da muss auch etwas für Württemberg abfallen. Kommt, lasst uns auf die guten Zeiten und unsere Geschäfte anstoßen! Auf dass bei der nächsten Weltausstellung in Wien die Woll-Filz-Manufaktur aus Giengen erfolgreich vertreten ist!«

»Na, ob du das hinkriegst?« Adolph Glatz schaute Hans

zweifelnd an. »Trinken wir lieber auf das Wohl der Damen. Ganz besonders auf das meiner Verlobten ...«, er schaute Marie tief in die Augen, »meiner geschätzten zukünftigen Schwiegermutter und aller anderen in diesem Zimmer.« Er hob sein Glas und prostete auch Margarete zu, die wieder einmal befürchtete rot zu werden.

»Da wir beim Thema sind«, Hans holte tief Luft, »möchte ich hiermit ganz offiziell anfragen, Adolph und Marie, ob ihr bereit wäret, mit mir zusammen eine Doppelhochzeit zu feiern?«

Alle starrten ihn an. »Meine Verlobte würde zu diesem Anlass natürlich nach Giengen kommen. Sie stammt übrigens aus Tübingen und ist eine entfernte Verwandte, somit aus bester Familie, hübsch, intelligent und – mit Verlaub, ohne jemanden der Anwesenden beleidigen zu wollen – das interessanteste Frauenzimmer Württembergs. Ihr werdet staunen.«

»Seit wann bist du denn verlobt?« – »Und wie heißt die Glückliche?« – »Diese ganzen Geschäftsreisen – ein reines Täuschungsmanöver: Du warst schlicht auf Brautschau!« – »Du bist vielleicht einer. Wie hast du denn die aufgelesen?« Alle redeten durcheinander.

»Ich muss doch sehr bitten. Ich habe meine Braut nicht aufgelesen, sondern mit Bedacht ausgewählt.«

Alle staunten, nur die Klingelmüllerin lächelte wissend in sich hinein.

Adolphs Neffe Julius, der Adolph während des Krieges in seinem Betrieb vertreten hatte, grinste verschwörerisch zu Margarete hinüber, begann mit den Augen zu rollen und flüsterte ihr zu, er sei nicht sicher, was die Qualitäten dieser aus dem Hut gezauberten Braut angehe, denn Verliebte pflegten ihren gesunden Menschenverstand gründlich zu verlieren. Solche Turteltäubchen wie Marie und sein Onkel! »Gut, dass wenigstens wir beide normal geblieben sind.«

Margarete lachte verlegen mit ihm, wechselte dann rasch das Thema, fragte nach seinem Geschäft, ob er in Giengen bleiben wolle, jetzt endlich eine gescheite Wohnung gefunden habe.

Er beantwortete ihre Fragen ausführlich und begann dann vom Leseverein zu erzählen, der gerade in Giengen entstand und dessen Mitglied er geworden war. »Das wäre doch auch etwas für dich.«

»Dafür werde ich wohl kaum Zeit haben«, erwiderte Margarete. »Aber interessant wäre es schon. Dürfen denn auch Frauen Mitglieder werden?«

Das wusste Julius nicht, aber er wollte sich genauer erkundigen.

Obgleich sie auch aus Schwaben stammte, schien die Braut Lina Hähnle von einem fremden Glanz umgeben. Sie war eine junge Frau voller Selbstbewusstsein, die Margarete gleich beim ersten Sehen ihre Bücher zum Lesen anbot. »Falls du dich für Botanik interessierst …«

Marie und Margarete hatten dieses Wort beide noch nicht gehört, fragten jedoch nicht nach. Sie würden schon früh genug erfahren, worum es sich da handelte. Und ob mit Lina auszukommen war. Denn dass sich Hans eine ungewöhnliche Frau aussuchen würde, hatten sie erwartet.

Die Doppelhochzeit im September wurde ein rauschendes Fest. Zwei Brüder trugen ein ellenlanges Gedicht vor, in dem Hans' und Adolphs Verdienste gewürdigt wurden. In der Tat: Hans' Woll-Filz-Manufaktur war inzwischen ein Erfolg!

Julius, der neben Margarete saß, schimpfte ein bisschen vor sich hin, weil Marie in dem Gedicht nicht erwähnt wurde.

»Lina doch auch nicht«, meinte Margarete.

»Ach was, die kennt ja auch keiner. Aber Marie …«

Margarete grinste in sich hinein. Julius, der während des

Krieges täglich in der Klingelmühle aufgetaucht war und mit seinen lustigen Geschichten und Scherzen Margarete und Marie von der Arbeit abgehalten hatte, schien diesen Festtag nicht sonderlich zu genießen.

»Du hättest Marie wohl selbst gern zur Frau genommen?«, fragte sie mitfühlend.

Julius seufzte und schaute sie traurig an. »Aber ich hätte keine Chance gehabt. Schau mich doch an. Dazu bin ich nicht schön genug. Und wirtschaftlich noch ganz am Anfang.« Er lächelte verlegen. »Gut, dass ich hier wenigstens eine gute Freundin habe, die mich tröstet.«

Er musterte Margarete eindringlich. »Das tust du doch, oder? Wir beiden Übriggebliebenen müssen zusammenhalten.«

Margarete wusste nicht, ob sie lachen oder weinen sollte. Julius bemerkte es wohl. »Kopf hoch«, meinte er. »Für dich hat das Leben auch noch was zu bieten. Warte nur ab.«

Die Musik setzte ein. Alles strömte auf die Tanzfläche. Auch Julius, der es plötzlich sehr eilig hatte. Margarete blieb, wie immer in solchen Situationen, am Rande zurück. Sie durfte sich am Anblick der Paare, die sich auf der Tanzfläche drehten, erfreuen. Manche bewegten sich dabei recht ungeschickt und reizten Margarete zum Lachen.

Ob Julius ihr unter anderen Umständen, wenn sie nicht ein Krüppel wäre, einen Antrag gemacht hätte? Sie passten gut zusammen, würden gut miteinander auskommen, auch wenn er ein paar Jahre jünger war. Aber so ... besser nicht darüber nachdenken. Er würde schon eine andere finden.

Auf sich selbst gestellt

Die folgenden Wochen waren nicht leicht für Margarete. Ihre Schwester Marie war plötzlich so vergnügt und aufgekratzt – auch sie hatte sich verliebt. Natürlich turtelten Marie und ihr Michael nicht so verliebt herum wie die Hähnles, aber das hätten die Eltern Steiff auch nicht geduldet. Eine Ehe war schließlich eine ernste Sache. Es ging darum, ein Leben lang zusammenzustehen, nicht um zärtliche Gefühle ...

Hans Hähnle behielt recht: Die französischen Zahlungen überschwemmten Württemberg, sodass die Schienenstränge sich rasch ausbreiteten. Es gab zwar Verzögerungen, irgendwelchen politischen Ärger mit Bayern, doch der Bahndamm nahm bereits Gestalt an. Marie und Michael wollten zusammen in der Nähe des Bahnhofs ein Geschäft gründen. Marie war eine tüchtige Frau, und zusammen würden die beiden schon zurechtkommen.

Was würde nun aus ihr werden? Der quälende Gedanke ließ Margarete nicht mehr los. Sollte sie irgendwann mit den alten Eltern allein bleiben? Noch wohnte Fritz im Haus. Seit dem Tod des Großvaters war Tante Ursche oft bei ihnen und half ihr. Aber auch die war nicht mehr die Jüngste. Wenn Fritz heiratete, die Tante nicht mehr konnte – wer sollte sie dann die Treppe hoch- oder hinuntertragen? Und wenn die Eltern starben? Wie sollte sie dann leben?

Zum Glück ließen die Verwandten, Nachbarn und Freundinnen Margarete nicht im Stich. Immer wieder gaben sie ihr Aufträge, neue Kleider zu nähen und alte zu flicken. Mit aufwändiger Festgarderobe kam sie nicht gut zurecht, aber Kinderkleider waren leichter im Schnitt. Die bekam sie fertig. Flickarbeiten machte sie natürlich auch. Daran war nie Mangel.

Eines Tages bekam Margarete einen unerwarteten Auftrag. Die Frau Stadtpfarrer Groß ließ sie holen, um die Aussteuer ihrer Tochter Tusnelde anzufertigen. Das war nun wirklich eine große Aufgabe. Sie würde eine ganze Weile im Haus des Stadtpfarrers wohnen und ein sicheres Auskommen haben.

Sie dachte oft an ihre Schwestern, die in der Fremde hatten dienen müssen. Zwar musste sie nicht allein in eine andere Stadt, aber doch war vieles anders als zu Hause. Im Pfarrhaus war es hell. Es gab große Räume und breite Treppen mit großen Fenstern wie in der Klingelmühle. Da das Haus etwas erhöht lag, hatte Margarete beim Arbeiten einen weiten Blick auf die Wiesen hinter der Stadtmauer. Nur beim Essen brauchte sie sich nicht umzustellen. Es gab Spätzle, Spätzle und Gemüse. Fleisch höchstens an Feiertagen.

Die Schulaufgaben der Kinder wurden von den Eltern sehr ernst genommen und bei Tisch abgefragt. Im Arbeitszimmer des Pfarrers türmten sich Regale voller Bücher, die nur mit äußerster Vorsicht in die Hand genommen wurden. Tusnelde durfte sich Bücher herausnehmen, die jüngeren Kinder aber nicht.

So war die Frau Stadtpfarrer froh, wenn die Kleineren sich zu Margarete setzten und ihren Geschichten lauschten. Allerdings legte sie Wert darauf, dass es fromme Geschichten waren, am liebsten welche aus der Bibel, die Margarete gut kannte. Dann sah die Mutter auch darüber hinweg, dass es mit der Aussteuer nicht allzu schnell voranging.

In der Familie wurde viel gesungen und vor und nach den Mahlzeiten gebetet. Manchmal las der Herr Stadtpfarrer nach dem Abendessen einige Bibelstellen aus den Losungen vor. Die Kinder waren dabei zwar nicht allzu aufmerksam, aber die Pfarrersleute blieben geduldig, sandten höchstens ein paar strafende Blicke in die Runde. Wenn es dann an der Tür läutete, weil jemand nach dem Pfarrer verlangte, hatte dieser es jedoch eilig, die Tischrunde zu verlassen. Oft kam er erst spät in der Nacht heim, war noch im Rössle eingekehrt, weil es wichtig sei, wie er seiner Frau gegenüber betonte, mit den Herren der Stadt im Gespräch zu bleiben.

An manchen Tagen ließ Margarete sich nach Hause fahren, denn die Zitherstunden wollte sie auf keinen Fall aufgeben. Paul, einer der Söhne, bekam den Auftrag, sie heimzuschieben. Er übernahm die Arbeit zwar ohne zu murren, schaute aber ein wenig skeptisch drein.

»Lass den Wagen ruhig laufen, es geht ja nur bergab«, erklärte ihm Margarete.

»Und ich laufe hinterher?«

»Nein, natürlich nicht. Stell dich hinten auf das Brett, dann kannst du gut steuern. Wenn du bremsen willst, lässt du einen Fuß über den Boden schleifen. Mein Bruder Fritz macht das immer so.«

Das ließ Paul sich nicht zweimal sagen. Stolz nahm er hinten Platz und los ging's. Zwar wurden sie auf dem Pflaster ganz schön durchgeschüttelt, aber Paul steuerte den Wagen sicher.

»Jetzt geht's um die Kurve, die Steige hinunter.«

»Die ist arg steil. Ob wir das schaffen?«

»Bestimmt. Es ist herrlich, so schnell zu fahren. Außerdem bremst der Kalkbelag auf der Gasse den Wagen ein wenig. Pass nur auf, hinterher kannst du nicht genug davon bekommen.« Dass Pauls Gesicht ein wenig ängstlich geworden war, konnte Margarete nicht sehen, aber sie hätte auch nur darüber gelacht. Stark bremsend steuerte er den Wagen nach rechts.

»Freie Fahrt, die ganze Gasse hinunter. Keine Menschenseele kommt uns entgegen … halt dich gut fest! Erst kurz vor der Ledergasse bremst du. Da musst du nach links steuern, sonst schießen wir in die Brenz.«

Die Gasse war schmal und steil. Der Wagen tat einen Schuss nach vorn und war dann nicht mehr aufzuhalten – wenigstens nicht von Paul.

»Nun brems doch.«

»Tu ich ja, es nützt nichts.«

»Vorsicht, jetzt müssen wir nach links.«

Der Wagen schoss aus der Spur, überschlug sich. Es krachte ordentlich. Margarete flog ein Stück weit, blieb bewegungslos liegen. Paul rappelte sich heulend hoch, hinkte zu Margarete hinüber. »Gretle, nun sag doch was. Bist du verletzt?«

Margarete stöhnte. »Der Fuß tut so weh. Und mein Gesicht. Vorsicht.« Mühsam richtete sie sich auf.

Paul bekam einen gewaltigen Schreck. »Au weia. Dein Gesicht ist ja ganz verrutscht.«

Margarete strich sich über die Wange. Dreck, Kalk und Blut blieben an der Hand kleben. Es brannte elend.

Jetzt kamen auch die Nachbarn aus ihren Häusern. Einer versuchte den Rollstuhl aufzustellen, aber der hatte ein Rad verloren. Ein zweiter versprach eine Liege bei den Steiffs zu holen. Die Nachbarin stützte Margarete. »Das sieht ja übel aus … Hoffentlich holst du dir keine Blutvergiftung. So ein Unverstand! Eine junge Frau von 24 Jahren – und dann so was. Die reinste Kinderei. Wir haben dich oft genug gewarnt, aber du lässt dir ja nichts sagen.«

Andere schimpften auf Paul ein, der zu heulen anfing.

»Bitte, lasst den Buben in Ruh. Es ist meine Schuld, ich habe ihn darum gebeten«, rief Margarete. »Paul, mach dir keine Vorwürfe. Du hast nichts getan.«

Endlich kam Fritz, der sie heimtrug und nach dem Doktor schickte. Der Fuß war gebrochen und musste geschient werden. Tante Ursche säuberte ihr das Gesicht. Es tat schrecklich weh. Aber die Tante blieb ungerührt. »Das ist nur die gerechte Strafe. Hat man je von einer jungen Frau gehört, die eine solche Höllenfahrt unternimmt? Das sagt einem doch der gesunde Menschenverstand, dass so etwas nicht gut gehen kann. Die Stelle bist du vermutlich los. Aber du kannst dir das offensichtlich leisten.«

»Mit Fritz ist es immer gut gegangen.«

»Fritz ist genauso tollkühn wie du und tut alles, was du willst. Auch wenn es noch so verrückt ist. Aber den kleinen Paul hast du in eine ziemlich scheußliche Lage gebracht. Der wird zu Hause was zu hören kriegen.«

Margarete sagte nichts. Die Tante hatte ja recht. Aber irgendwann brauchte doch auch eine gelähmte junge Frau ein wenig Vergnügen.

An Schlaf war in der Nacht nicht zu denken. Das Gesicht brannte. Ein Fuß war elend angeschwollen und tat schrecklich weh. Der kühlende Umschlag war längst warm geworden. Dazu kamen die Vorwürfe, die sie sich machte. Irgendwann dämmerte sie ein wenig weg.

Sofort stellten sich wilde Traumbilder ein. Sie stand mit dem Rollstuhl an einem steilen Abhang auf einer Wiese, die sich bis zu einer Wasserfläche im Tal erstreckte. Ein runder See, der zu drei Vierteln von schroffen Felswänden umgeben war. An den Felsen entlang stürzte Wasser herab, das die Felsen wie eine dunkelbraune, schillernde Hülle umschloss. Plötzlich trat das Wasser im See auseinander. Es bildete sich ein tiefes Loch, um das herum sich hohe Wellen auftürmten, die sich aufeinanderzubewegten. Gleich würden sie mit einem lauten schmatzenden Geräusche aneinanderschlagen. Aber nichts war zu hören. Sie schlossen sich lautlos zu einer Welle zusammen, die noch höher aufstieg und dann auf den Rand, an dem Margarete saß, zurollte. Der Rollstuhl blieb stehen, aber er hätte sich rückwärtsbewegen müssen, wenn sie der Falle entgehen wollte.

Margarete fühlte nichts, keine Angst regte sich in ihr, aber sie hatte das klare Bewusstsein, dass es keinen Ausweg gab. Vor ihr stand eine schwarze Wasserwand, die sie unausweichlich verschlingen würde. Schweißgebadet wachte sie auf, starrte in die Dunkelheit, konnte das Traumbild nicht abschütteln. Sie versuchte, ihre Gedanken auf anderes zu lenken. Vergeblich.

Am nächsten Tag hatte sie Fieber. Sie musste mehrere Wochen im Bett bleiben. Das Gesicht verschorfte nach ein paar Tagen, die unter der Kruste liegenden Blutergüsse schmerzten noch lange bei jeder Berührung. In den Spiegel wagte sie nicht zu schauen.

Der gelähmte Fuß tat weiterhin weh, was sie in Wut brachte. Wenn er schon gelähmt war, sie nichts Gescheites mit ihm anfangen konnte, warum bereitete er ihr solche Schmerzen? Warum führte er ein solch unnützes Eigenleben?

Sie hatte viel Zeit nachzudenken. Irgendetwas musste mit ihrem Leben geschehen. Sie war unnütz, taugte nicht für ein Eheleben, machte den anderen nur Arbeit. Ihren Rollstuhl konnte sie nicht allein steuern, nicht einmal einer Welle entkommen, auch nicht im Traum. Das bisschen Nähen, was zählte das schon? Alles war bei ihr verkehrt herum. Wenn sie doch mehr Zitherstunden geben könnte … oder besser nähen! Verflixt, warum konnte sie nicht einmal diese blöde Nähmaschine bedienen? Das würde ihr ja so viel weiterhelfen.

Plötzlich war die Idee in ihrem Kopf entstanden und setzte sich dort hartnäckig fest. Wenn bei ihr schon alles verkehrt lief – warum ging das nicht auch bei der Nähmaschine? Mit ihr konnten die anderen doch vorwärts und rückwärts nähen. Wenn sie die Maschine nun einfach umdrehte?

Margarete war nicht mehr im Bett zu halten. Mit dem geschienten Fuß ließ sie sich an den Arbeitstisch tragen. Fritz stellte ihr die Maschine seitenverkehrt hin, mit der Kurbel auf der linken Seite. Sie probierte. Auch mit links war die Kurbel schwer zu drehen. Der Faden löste sich immer wieder, weil Margarete sie zu abrupt oder ungleichmäßig bewegte. Doch die Geschwister blieben dran. Es musste möglich sein. Margarete probierte vorsichtig noch einmal, stockte, setzte neu an. Diesmal brach die Nadel.

Fritz setzte eine neue ein. »Keine Sorge. Das wird. Du hast es bald. Mit der Zither hast du es auch geschafft.«

Endlich begann die Kurbel sich so zu drehen, wie Margarete es wollte. Sie übte, schließlich legte sie den Stoff auf, der sich mit rechts schieben und halten ließ. Wenn sie den Arm dabei abstützte, war er ganz gut zu gebrauchen. Die Nadel senkte und hob sich, einmal, zweimal, dreimal, weiter, weiter, gleichmäßig, damit der Faden nicht riss. Eine lange Naht. Ein Stich wie der andere. Viel gleichmäßiger als mit der Hand genäht. Und viel haltbarer. Nach ein paar Tagen nähte sie wie selbstverständlich mit der Maschine.

Die Frau Stadtpfarrer fragte ein paar Mal nach Margarete, wartete offensichtlich auf ihre Genesung und Rückkehr ins Pfarrhaus. Am ersten Tag waren alle ein wenig verlegen und Margarete froh, dass es viel zu tun gab. Die Hausfrau erwähnte den Unfall nicht. Paul verriet ihr jedoch, dass er einige Wochen Hausarrest gehabt habe und einen riesigen Haufen Holz zerkleinern musste. Margarete sei durch ihren Unfall ja genug bestraft worden, habe die Mutter gesagt, da brauche sie sich nicht einzumischen.

Margarete machte die Bemerkung nachdenklich. Waren Leiden immer eine Strafe? Wenn der Beinbruch die Strafe für ihren Übermut gewesen war, war ihre Lähmung dann auch eine Strafe? Sie wollte es nicht glauben. Strafe wofür? Was könnte sie getan haben? Ihre Gedanken wanderten in diesen Tagen oft zu Doktor Werner, der den Kindern unermüdlich erklärt hatte, dass sie mit ihrem Leiden Gott besonders nahestünden.

Indessen muss sich alles dulden,
auch manches ohne sein Verschulden;
dafür erlangt es Herrlichkeit.
Die Welt wird paradiesisch blühen
und lauter Sonnenkraft anziehen
wie aus dem Meer der Seligkeit.

Doch Seligkeit oder Herrlichkeit, wie es im Lied hieß, waren ihr noch nicht begegnet. Für sie war das Leben immer nur mühselig. Daran würde sich wohl nicht viel ändern. Obwohl ihnen der Stadtpfarrer im Konfirmandenunterricht beigebracht hatte, dass Jesus alle Menschen aus der Gewalt des Teufels erlöst habe. Margarete wagte es nicht, die Frau Stadtpfarrer danach zu fragen, und ihr Mann war immer so geschäftig. So tat sie ihre Arbeit, erzählte den jüngeren Kindern Geschichten und wartete darauf, nach Hause zurückzukehren.

Dort warteten eine Menge Aufträge, die sie nun mit der Maschine viel schneller und besser ausführen konnte. Jeden Tag wurde sie ein wenig geschickter. Früher hatte sie manchmal nicht gewusst, ob die Verwandten und Nachbarn sie nur aus Mitleid mit Aufträgen bedachten. Aber jetzt merkte sie, dass den Kunden ihre Arbeit wirklich gefiel.

Am 24. Juli 1874 feierte Margarete ihren 27. Geburtstag. In der Nacht davor schlief sie unruhig und wachte am Morgen gespannt auf. Merkwürdig. Was sollte so ein Geburtstag schon bringen? Sie war wieder ein Jahr älter geworden. Das Leben würde demnächst noch schwieriger werden, da Fritz im November heiratete. Also, worauf wartete sie so gespannt? Aber da war etwas. Der Vater und Fritz hatten in den letzten Tagen geheimnisvoll getan. Auch die Mutter hatte sie ein paar Mal versonnen gemustert.

Am Frühstückstisch gab es die üblichen Glückwünsche. Sonst nichts. Doch dann bat der Vater Tante Ursche, den

Tisch vollständig abzuräumen und sauber abzuwischen, was die Tante mit feierlichem Ernst tat. Alle setzten sich mit Verschwörermiene wieder hin. Fritz hatte inzwischen eine Rolle aus der Werkstatt geholt, die er nun dem Vater überreichte. Dieser gab sie an Margarete weiter.

»Für mich? Das ist doch ein Bauplan.« Sauber ausgeführt, mit bunten Farben ergänzt, lag einer der schönen Baupläne, wie der Vater sie zeichnete und aquarellierte, vor ihr auf dem Tisch.

»Bis hierher reicht unser Haus«, erklärte er ihr die Zeichnung. »Daran schließen sich die Ställe an. Aber die werden wir nun abreißen und das Haus bis an das Grundstück der Edelmanns erweitern. Unten kommt eine breite Tür ins Haus und hier oben, das Eckzimmer, das wird deine Werkstatt. An der Ecke habe ich extra für dich einen Ausguck eingeplant, ein Fenster, das auch den Blick zur Seite freigibt, damit du beim Nähen gutes Licht hast.«

»… und natürlich alles beobachten kannst, was auf der Straße passiert«, neckte Fritz.

»Wir brauchten dafür sogar eine Sonderbaugenehmigung.«

Margarete war sprachlos. Eine eigene Werkstatt! Ein richtig großes helles Zimmer! Das konnte doch gar nicht sein.

»Wenn Fritz heiratet, haben wir auf diese Weise genug Platz für alle.«

Der Vater und Fritz erklärten ihr noch eine Menge. Aber sie hörte gar nicht richtig zu.

»Freust du dich denn nicht?«

»Oh, Vaterle, freuen? Das ist zu viel. Ein Mensch kann sich nicht einfach so ein bisschen freuen. Da müsste er schon platzen.«

Es folgten ein Herbst und ein Winter voller Lärm, Dreck und Unannehmlichkeiten. Durchbrüche wurden durch die Außenwand geschlagen, innen mussten Wände neu verputzt, Fußböden verlegt und gestrichen werden. In der kalten Jahreszeit, wenn auf den Baustellen wenig zu tun war, hatte der Vater Zeit, im eigenen Haus zu arbeiten.

Auch in der Küche wurde umgebaut. Die Mutter sollte nicht länger am offenen Feuer hantieren müssen. Stattdessen wurde ein sogenannter geschlossener »Sparherd« gemauert, der oben mit einer gusseisernen Platte abschloss, auf der mehrere Töpfe gleichzeitig warm gehalten werden konnten. Sogar ein Warmwasserbehälter war darin eingelassen. Zum Kochen konnte man ein Feuerloch öffnen und Topf oder Pfanne direkt aufs Feuer stellen.

Nachdem Margarete ihr Reich in Besitz genommen hatte, mangelte es ihr nicht an Aufträgen. Sie war heilfroh, dass Christine Brandstätter ihr aushalf, denn die Giengener feierten die Ankunft der Eisenbahn in ihrer Stadt. Margarete verbrauchte viel Licht und hörte häufig noch an der Nähmaschine sitzend, wie der Nachtwächter die Mitternachtsstunde ausrief.

Der Vater bestellte bei Margarete ein Kleid für die Mutter und eins für sie selbst und kaufte reichlich guten braunen Wollstoff dafür. Margarete war begeistert, entwarf zwei schöne Kleider, die am Oberkörper eng geschnitten waren, mit einem weit fallenden Rock. Am Stoff solle sie nicht sparen, hatte der Vater gesagt, er wolle seine Damen nicht in altmodischen Kleidern sehen. Und so hatte Margarete Arme und Vorderteil mit aufwändig gestickten Rosetten verziert. Ein weißer Spitzenkragen fehlte natürlich auch nicht.

Die Mutter war anfangs gegen solchen Aufwand gewesen,

aber der Vater hatte darauf bestanden. »Unser Geschäft läuft gut, da müssen meine Frau und meine Tochter ordentlich aussehen. Was würden sonst die Leute denken? Sollen wir gegenüber der Verwandtschaft wie arme Leute aussehen?« Das leuchtete der Mutter ein, und Vater Steiff wechselte mit seiner Tochter heimlich einen verschmitzten Blick.

Fritz hatte den Einfall, Margarete solle sich in dem Kleid fotografieren lassen. »Natürlich nur, um das Bild in ihrer Werkstatt aufzuhängen, damit die Leute sehen, was für schöne Modelle sie zu bieten hat«, erklärte er, bevor die Mutter erneut ihre Einwände geltend machen konnte.

Und so brachte er Margarete eines Nachmittags in das neu eröffnete Fotogeschäft, wo sogenannte Daguerreotypien hergestellt wurden. Aufrecht sitzend posierte sie auf einem gepolsterten Stuhl vor einem geschnitzten Kamin, der allerdings nur eine Attrappe war. Eine hübsche junge Frau, vielleicht ein wenig zu ernst, der man ihre Behinderung nicht ansehen konnte, denn das weite Kleid verdeckte die Beine, und mit der linken Hand fasste sie ein Buch, sodass die rechte, verkrüppelte Hand nicht zu sehen war.

Die Ankunft des ersten Eisenbahnzuges im Frühjahr war ein Erfolg des Eisenbahnkomitees, in dem natürlich Hans Hähnle das Wort führte. Giengen, dessen wirtschaftliche Bedeutung dadurch geehrt wurde, dass es sich jetzt »Giengen an der Brenz« nennen durfte und nicht mehr »Giengen bei Heidenheim«, stand kopf. Böller schreckten morgens um fünf die Einwohner aus dem Schlaf, die schon am Vorabend ihre Fahnen herausgehängt hatten. Ein Festzug formierte sich: die Vereine, die Feuerwehr, Festjungfrauen, die Honoratioren, die Musikkapelle, gefolgt von den einfachen Bürgern. Dann die Ankunft des Zuges, ein triumphaler, lautstark vom Pfeifen der Lok begleiteter Auftritt des Giengener Lokomotivführers Paul Schelling, der die Wartenden schmunzelnd in eine gewaltige

Dampfwolke hüllte. Die Honoratioren durften zur Fahrt nach Niederstrotzingen einsteigen, wo die Strecke vorerst endete.

Margarete, die natürlich nicht zu diesen Bevorzugten gehörte und auch nicht am Festessen teilnehmen durfte, sondern mit der Familie auf dem Festplatz weiterfeierte, grinste ihren Bruder Fritz an. »Na, da bin ich doch schon weiter gereist als bis zum nächsten Ort.« Als sie sein enttäuschtes Gesicht sah, erklärte sie: »Warte nur, im nächsten Jahr fährt der Zug bis Ulm, dann machen wir zusammen eine Reise. Ich lade dich ein.«

Das Bier floss in Strömen, es gab gebratene Würste und gegen Abend war die Stimmung so ausgelassen, dass alle Festteilnehmer gemeinsam sangen, was einige Schulbuben bereits am Morgen intoniert hatten:

> *Der Karpfenwirt, der Karpfenwirt,*
> *der hat seine Rösslein ausgeschirrt.*
> *Nun geht ein andres Leben an,*
> *jetzt fahren wir per Eisenbahn.*

Es begann wirklich ein neues Leben. An vielen Stellen in der Stadt wurde gebaut; die neue Markt- und Lagerhalle für Korn fügte sich nach Ansicht vieler Bürger nicht in das alte Stadtbild ein, andere fanden den neuen historistischen Stil besonders schick. Neue Betriebe entstanden, alte vergrößerten sich. Die überflüssig gewordene Stadtbefestigung wurde nach und nach abgerissen und durch Neubauten ersetzt. Eine Glasmanufaktur eröffnete, die Link'sche Orgelfabrik im großen Haus am Memminger Tor hatte inzwischen Aufträge von weit her.

Auch Hans Hähnles Filz war längst über Württemberg hinaus bekannt geworden. Neue Produkte wurden seit einiger Zeit auf internationalen Ausstellungen präsentiert, und bereits 1873 war er mit seiner Württembergischen Wollfilzmanufaktur auf der Wiener Weltausstellung prämiert worden. Von der Arbeitslosigkeit der Weber war keine Rede mehr, denn die neuen Betriebe brauchten jede Hand. Hähnle annoncierte inzwischen im Brenztaler Boten, wenn er neue Arbeitskräfte suchte. Es ging aufwärts.

Auf die Besuche bei Familie Glatz freute Margarete sich immer besonders. Nicht nur, dass sie und Marie den neuesten Klatsch austauschen konnten. Nein, mit den Eheleuten führte sie auch ernste Gespräche. Adolph, der bei seinem Schwager Hans ins Geschäft eingestiegen war, berichtete von Schwierigkeiten und Fortschritten. Margarete begriff rasch, dass ein Betrieb nicht nur wegen seiner guten Produkte Erfolg hat, sondern auch klug organisiert werden muss.

»Hans' Filz würde allein hier in der Gegend gar nicht abgesetzt werden können«, erklärte Adolph. »Man muss mit auswärtigen Partnern zusammenarbeiten, sogar im Ausland, und seine Produkte auf Messen vorstellen. Die Leute haben heutzutage genug Geld und können mehr als das Lebensnotwendige kaufen. Da muss man ihnen Neues, Ungewöhnliches bieten.«

Adolph leitete die Manufaktur vom Kaufmännischen her und Hans Hähnle übertrug ihm immer mehr Vollmachten. Die beiden waren zugleich gute Freunde. »Hans weiß, auf wen er sich verlassen kann und das ist wohl eine weitere wichtige Eigenschaft für einen Unternehmer. Er ist ganz mit den technischen Verbesserungen bei der Herstellung, der Planung und mit dem Knüpfen von Kontakten, vor allem in der Politik, beschäftigt. Daher muss er daheim Leute haben, die selbstständig arbeiten. Ich glaube, du könntest von ihm lernen und auch von dem Filz profitieren, Margarete.«

»Ich? Wie kommst du denn darauf, Adolph?«

»Du bist eine intelligente, umsichtige Person. Als einfache

Näherin wirst du für harte Arbeit immer nur einfachen Lohn verdienen. Wenn du Frauen einstellst, kannst du mehr verdienen. Du weißt doch, wie man mit Menschen umgeht.«

»Gretle bekommt jeden genau da hin, wo sie ihn haben will«, lachte Marie. »Davon kann ich ein Lied singen. Besser kann sich auch der Hans nicht durchsetzen. Und für den arbeiten inzwischen eine ganze Reihe von Leuten.«

»Du musst dir etwas einfallen lassen ... ein Kleidungsstück aus Filz zum Beispiel. Der Filz hat inzwischen eine gute Qualität, und er ist leicht zu verarbeiten. In Stuttgart würdest du so etwas als allerneueste Mode anbieten können. Konkurrenzlos.«

»Solche Verbindungen habe ich doch nicht.«

»Ich könnte sie für dich anknüpfen.«

Margarete wehrte diesen Vorschlag ab. Das hörte sich zu abenteuerlich an. Aber irgendwie bekam die Idee in ihrem Kopf ein Eigenleben. Wenn sie in ihrem großen Arbeitszimmer saß und nähte, meldete sie sich in schöner Regelmäßigkeit. Ein eigenes Geschäft mit einem festen Vertrag für eine große Firma! Konfektionsware hieß das neue Zauberwort. Nicht mehr auf eine einzelne Person zugeschnittene Kleidung, sondern in größeren Mengen nach Einheitsgrößen hergestellte Ware. Ob die Menschen das kaufen würden? Für Qualität hielten?

Adolph behauptete, nur wer mit der Zeit gehe, habe eine Chance. Dann brauche sie sich wegen dem Modehaus Rösle, das hier in Giengen eröffnet hatte, keine Sorgen mehr zu machen. Sie würde ein paar Nähmädchen anstellen können. Die würden froh sein, etwas lernen zu dürfen. Margarete schmunzelte in sich hinein. Schließlich besaß sie nach wie vor die erste Nähmaschine am Ort. Sie würde neben der Arbeit Geschäftsbriefe schreiben können. Ach was, Träume. Sie war ein Krüppel, konnte froh sein, wenn sie ihr Auskommen hatte. Ein Geschäft gründen? Lächerlich!

Ein Elefant aus Filz

1877

Etliche Briefe waren zwischen Stuttgart und Giengen hin und her gegangen; Pakete mit Musterstücken wurden mit der Bahn geschickt. Eines Tages war es dann soweit: Die Firma Siegle in Stuttgart hatte den Hähnleschen Filz – aus reiner Wolle, weich und haltbar – sowie die Unterröcke, die Margarete entworfen hatte, für gut befunden. Man hatte einen Vertrag geschlossen: Sie stellte die Röcke nur für Siegle her, dafür garantierte Siegle die Abnahme.

Vier Nähmädchen beschäftigte Margarete jetzt, die sie sorgfältig ausgesucht hatte. Junge Frauen, geschickt und fleißig. Manch anstrengende Arbeit trat sie an die Mädchen ab, beaufsichtigte sie, plante, organisierte, rechnete ab.

Adolph hatte ihr nahegelegt, auch einen Versandhandel mit dem Hähnleschen Filz zu gründen. Dabei sei sie konkurrenzlos: Den Filz liefere die Fabrik, sie könne zu Fabrikpreisen anbieten, sorge für das Verpacken und Verschicken kleinerer Mengen an Privatkunden. So werde der Filz im Land auch in den Haushalten bekannt. Für die Filzfabrik sei das eine kostenlose Reklame und für sie ein gutes Geschäft. Mit ihren Näherinnen könne sie diese Arbeit durchaus bewältigen.

Ein Versandhandel. Wieder ein Wort, hinter dem sich etwas Neues verbarg. Margarete verschickte Filzmuster, die Bestellungen kamen herein, sie bezog sehr viel Filz, ließ ihn verpacken, schrieb Rechnungen und nahm so viel Geld ein, dass ihr manchmal schwindelte.

Ihr Leben veränderte sich gewaltig. Sie verdiente jetzt mehr, als sie sich vor Kurzem noch hatte vorstellen können. Mit einer eigenen Werkstatt in eigenen Räumen war sie eine geachtete Person in Giengen. Eine selbstständige Geschäftsfrau.

Inzwischen musste sie auch nicht mehr die enge, steile Treppe ihres Elternhauses hochgetragen werden. Die Eltern hatten einen Teil ihres Krautgartens geopfert, sodass Fritz hinten ans Haus eine Rampe bauen konnte, über die ihr Rollstuhl in die Wohnung geschoben wurde. Aufrecht und selbstbewusst saß sie darin; vorbei waren die Zeiten, als sie sich zusammengekrümmt auf den Armen oder Rücken ihrer Lieben hochwuchten lassen musste. Sogar eine eigene Magd konnte Margarete sich nun leisten. Es war ein herrliches Gefühl, nicht mehr von früh bis spät auf die Hilfe von Verwandten und Freunden angewiesen zu sein. Sie fühlte sich als neuer Mensch.

»Was willst du? Nach Hochberg reisen? Und dann auch noch allein? Du musst verrückt sein.«

»Nein, das bin ich nicht. Geld habe ich inzwischen genug mit harter Arbeit verdient. Für faul hältst du mich ja wohl nicht.«

»Trotzdem, wie soll das gehen?«

»Ich habe doch schon andere Reisen gemacht. Wenn die Frau Stadtpfarrer so nett ist, mir eine Einladung zu ihrer Schwägerin zukommen zu lassen, dann kann ich nicht Nein sagen. Schließlich soll ich dort arbeiten. Sie hat auch von weiteren Kundinnen gesprochen. Der Freifrau von Hügel, zum Beispiel.«

»Zeiten sind das. Wo soll das hinführen? Als wenn es in Giengen keine Aufträge gäbe! Bleibe daheim und nähre dich redlich.«

»Mutterle, ich nähre mich redlich. Aber die Zeiten haben sich geändert. Du trinkst doch inzwischen auch nicht mehr den Zichorienkaffeee, sondern kaufst echten, anregenden

Bohnenkaffee im Kolonialwarengeschäft von Herrn Zabern. Die Bohnen wachsen nicht auf der Alb. Und was ist mit dem kremigen, süßen Kakao? Die Kakao- und Kaffeebohnen sind bereits um die halbe Welt gereist.«

Mutter Steiff errötete verlegen. »Die Getränke hat mir der Arzt verordnet.«

»Mir verordnet er hin und wieder eine Reise. Andere Mädchen vergnügen sich im Schlittschuhverein. Das kann ich nicht. Der Fritz setzt mich in den Zug, in Ulm rufe ich einen Dienstmann. Und der bringt mich sicher zu Luise. Die ist schon ganz wild darauf, mir Ulm zu zeigen. Wie viel habe ich schon von dem Münster gehört! Das muss ich einmal sehen. Nach Hochberg reise ich erst ein paar Tage später. Immer nur in meiner Nähstube sitzen ... Ein bisschen muss ich von der Welt haben, sonst halte ich es nicht aus.«

»Vielleicht hast du recht, Gretle. Aber diese Welt ist mir unheimlich geworden. Ich verstehe sie nicht mehr. Ich bin froh, wenn ich in der Stube sitzen und meine Hände ruhen lassen kann.«

»Das hast du dir auch verdient, Mutter. Ich habe in den letzten Wochen so viel getan. Und in den Sommermonaten braucht Siegle keine warmen Unterröcke. Da kommt mir die Einladung sehr gelegen. Die paar Reparaturen, die über den Sommer anfallen, können die Mädchen auch allein bewältigen. Auf Bärbel ist Verlass.«

»Dich werd ich ja doch nicht von deinem Vorhaben abbringen. Fahr mit Gott – und komm heil wieder.«

»Das werd ich. Unkraut vergeht nicht, das weißt du doch.«

Margarete saß an ihrem Arbeitstisch, vor sich die aufgeschlagene »Modenwelt«. Die Seite mit den Schnittmustern mochte sie am liebsten. Da war häufig etwas für sie dabei, ein einfacher Schnitt, der sich leicht nacharbeiten ließ.

Manchmal konnte sie sich nur wundern. Einige Leute hatten heutzutage entweder sehr viel Zeit oder zu viel Geld. Dieser Kleiderärmel! Wer sollte so etwas tragen? Der Ärmel aus geblümtem Atlas, daran üppig fallend breite Spitze, durch die sich ein Revers aus andersfarbigem Atlas schob. Unten noch eine Schleife aus Seide. Oder die Schlittschuhtasche mit gesticktem Monogramm. Doch in Stuttgart hatte sie schon Adlige oder auch reiche Bürger gesehen, die mit solchen Taschen oder Hüten mit ganzen Blumengestecken darauf in den Parks promenierten. Manche trugen Keulenärmel am Mantel, die wirklich so aussahen, als ob man jemanden damit erschlagen könnte.

Auch in den Häusern der Wohlhabenden wandelte sich vieles. Überall Stoff, Stoff, Stoff. Durch die maschinelle Herstellung war er so viel billiger geworden. Man sah gerüschte Gardinen, Kissen mit Troddeln daran, sogar geblümte Tapeten aus Stoff. Und der neueste Schrei: exotische Pflanzen oder gar Bäume in großen Töpfen. Sie mochte das nicht. Da hatten die Reichen schon große Wohnungen mit hellen, hohen Räumen und dann füllten und verdunkelten sie die Räume mit solchen Staubfängern. Wer einmal in niedrigen Zimmern gelebt hatte und ständig dort sitzen musste, der hungerte nach Licht.

Die Näh- oder Fadenkörbchen auf dem Musterbogen waren schon praktischer. Gut als Geschenk geeignet. Doch auch da hatte es einer mit den Troddeln zu gut gemeint. Die Stickerei an dem zweiten Körbchen war dagegen hübsch. Aber was war denn das da? Sie musste zweimal hinschauen und die Unterschrift unter der Abbildung lesen: »Nubier aus Backpflaumen«. Ein Neger zum Aufessen. Die Mutter würde sich grausen, so etwas auf der Anrichte stehen zu haben. Fritz würde sich aufregen und der Familie einen Vortrag über Politik halten, über den Unsinn, dass die Europäer die Welt erobern wollten, um sich Kolonien zu schaffen – und dann die schwarzen Eingeborenen aus Backpflaumen auf die Anrichte zu stellen ...

Doch der Elefant dort weiter unten in der »Modenwelt«, der würde auch ihm gefallen. »Ein hübsches, von den Kleinen gewiss mit Jubel begrüßtes Spielzeug, das von den Tanten und Müttern für ihre Lieblinge unschwer anzufertigen ist.«

Nun, da würde sich die Tante mal an die Arbeit machen, damit die kleinen Neffen Paul und Richard an Weihnachten jubelten. Seitdem die beiden Buben geboren waren, feierten sie das Weihnachtsfest so, wie es seit einiger Zeit in Mode gekommen war: mit einem Weihnachtsbaum, einer kleinen Fichte, die Fritz im Wald ausgrub, zu Hause aufstellte und mit Kerzen und glitzernden Papierbändern schmückte. In festlichem Lichterglanz durften die Kinder dann Geschenke auspacken.

So groß, wie in der Zeitschrift angegeben, würde sie den Elefanten nicht machen, nein, dazu waren die Buben noch zu klein. Und als Fußbank – wie hier angegeben – musste er auch nicht dienen. Eine einfache Form mit geschwungenem Rüssel – verkleinert würde der Rüssel beim Nähen etwas knifflig sein, aber machbar.

Der Stoff? Futterbarchent wurde empfohlen, eine Art Flanell. Margarete lächelte in sich hinein: Die von der Zeitschrift kannten ihren guten Filz nicht. Der war bei Weitem nicht so kratzig und hart wie Barchent. Sie würde den Elefanten mit Wolle oder klein geschnippelten Filzresten ausstopfen, dann war auch ihre Schwägerin Anna beruhigt. Vor Kurzem hatte diese sich furchtbar aufgeregt, weil Paul dem kleinen Richard seine Lokomotive aus Blech auf den Kopf geschlagen hatte.

Richards Geschrei war bis in ihre Werkstatt zu hören gewesen, und er hatte ziemlich geblutet. Das würde mit dem Filzelefanten nicht passieren. An dem sollte alles rund und weich sein. Deswegen würde sie sich auch noch überlegen, ob sie die in der Anleitung als Stoßzähne empfohlenen Stricknadeln einarbeiten würde. Die waren für die Kleinen doch viel zu spitz.

Frühsommer 1881

»Ist das ein schönes Haus. So groß! Und der Garten!«

»Ja, wir fühlen uns sehr wohl hier. Aber nun lass dich erst mal umarmen, Gretle. Gut schaust du aus. Mit einem richtig schicken Hütchen. Dass ein Blumengesteck aus Filz so fesch aussieht! Fritz, auch dir einen guten Tag. Schön, dass ihr wieder hier seid.«

»Ich will Tante Gretle auch guten Tag sagen. Nimmst du mich diesmal wieder in deinem Rollwagen mit?«

»Aber Erwin!«

»Lass ihn nur. Natürlich darfst du einmal mitfahren. Wenn Onkel Fritz uns beide zusammen noch schieben kann. Du bist ja so groß geworden.«

Erwin schaute sich verunsichert um. Der Onkel lachte. »Das schaffen wir schon. Aber diesmal hat dir Tante Gretle etwas mitgebracht, was dir viel besser gefallen wird als alles Herumfahren.«

»Was denn? Bitte, Tante Gretle, sag, was es ist.«

»Erwin, das geht nun wirklich zu weit. Du bist jetzt erst mal still. Geh ins Haus und warte, bis wir alle am Kaffeetisch sitzen.«

Mit hängendem Kopf verschwand der Kleine. Aber er wusste, wenn seine Mutter diesen Ton anschlug, gab es kein

Pardon. Wenn er sein Geschenk überhaupt bekommen wollte, musste er sich fügen.

Er setzte sich an den Tisch und wartete. Warum musste es nur so lange dauern, bis die Mutter Tante Gretle aus dem Mantel geholfen hatte, bis Onkel Fritz den Wagen hereingetragen und das Mädchen die Räder gereinigt hatte? Doch dann gab es erst einen Rundgang durchs Erdgeschoss. Er hörte bewundernde Ausrufe von Tante Gretle und Onkel Fritz – das große Fenster, der Blick auf den Bodensee! –, schließlich wurden auch noch der Kronleuchter, der Nussbaumschrank und die dick gepolsterten Sessel bewundert. Endlich kamen die Erwachsenen ins Esszimmer, um sich an der großen Tafel niederzulassen. Tante Gretle ließ sich im Rollstuhl an den Tisch schieben.

Die erwartungsvollen Augen des Fünfjährigen ließen keinen Blick von ihr. Die Tante lachte.

»Na, dann muss ich wohl meine Handtasche aufmachen und mein Geschenk herausholen, sonst fallen dir noch die Augen aus dem Kopf.« Sie reichte ihm einen kleinen unscheinbaren Filzball. »Schau ihn dir genau an. Das ist ein Elefant aus Indien.«

Als der Bub merkte, dass das Tier vier Beine hatte, Augen und Ohren, leuchteten seine Augen auf. »Und was sind das für Stangen hier vorn?«

Onkel Fritz erklärte es ihm gern: »Das sind die Stoßzähne. Damit kann ein Elefant kämpfen oder auch Holzstämme tragen. Und der Rüssel vorne, mit dem rupft er Gras und schiebt es sich ins Maul. Der frisst nämlich nur Pflanzen. Solche Elefanten leben in Indien und Afrika und sind ganz große, starke Tiere. Aber dieser hier ist ein kleiner für dich zum Spielen.«

»Der ist ganz lieb«, flüsterte Erwin und strich über den weichen Filz. »Den nehme ich heute Abend mit ins Bett.«

»Das werden wir noch sehen«, erwiderte seine Mutter. »Jetzt wollen wir den guten Kaffee nicht kalt werden lassen.«

Die Gespräche der Erwachsenen interessierten Erwin nicht,

und so leerte er rasch sein Glas Saft und war froh, als er mit dem Elefanten – begleitet von seinem Kindermädchen – in den Garten hinunterlaufen durfte. »Aber lass den Elefanten nicht ins Wasser fallen!«, rief Onkel Fritz hinter ihm her. »Der kann nämlich nicht schwimmen.«

Die Erwachsenen lachten. Erwin wunderte sich nicht darüber; sie taten das oft, wenn sie den Kindern etwas erklärten.

Kurz darauf erhob sich auch Fritz; er wollte Adolph in der Fabrik aufsuchen.

»Eigentlich wollte Adolph zur Kaffeetafel hier erscheinen, aber da ist wohl wieder etwas dazwischengekommen. Er hat so schrecklich viel zu tun«, meinte Marie entschuldigend.

»Kein Wunder, so wie die Filzfabriken wachsen. Und wenn Adolph jetzt Generaldirektor wird, hat er bestimmt noch weniger Zeit.«

»Aber dann wohnen wir wieder in Giengen und ich habe meine Familie und meine Freundinnen um mich herum.« Marie lächelte Margarete an.

»Will sich Hans wirklich ganz aus dem Geschäft zurückziehen?«

»Nicht in allen Belangen. Er ist jetzt der Vorsitzende des Aufsichtsrates. Aber die Politik hat für ihn Vorrang. Der Landtag macht eine ganze Menge Arbeit. Wenn er jetzt auch noch als Mitglied der Freisinnigen Partei in den Reichstag in Berlin gewählt wird, muss er zumindest in Stuttgart wohnen. Landtag und Reichstag, das ist viel. Im Augenblick hält ihn die Gründung des Dampfkesselrevisionsvereins in Atem.«

»Was ist denn das?«

»Soweit ich verstanden habe, eine staatliche Stelle, um technische Anlagen zu kontrollieren. Aber, Fritz, du solltest dich jetzt auf den Weg ins Werk machen. Ihr habt ziemlich viel zu besprechen. Hier soll weiter gebaut werden, in Giengen und wer weiß wo noch.«

Margarete erkundigte sich nach Maries Befinden, die wieder in anderen Umständen war. Marie fühlte sich wohl, wenn auch etwas überlastet. Sie erklärte, wie froh sie sei, dass Margarete ein wenig nach ihrer Wäsche sehen würde. »Unser Mädchen ist in der Hinsicht völlig ungeschickt, und ich komme zu nichts. Die Vorbereitung des Umzugs zurück nach Giengen – wenn ich mich nicht so freuen würde, wäre ich ganz verzweifelt. Dabei haben wir uns hier kaum eingelebt. Die herrliche Landschaft am Bodensee werde ich sicher vermissen. Wir werden mit euch noch ein paar Ausflüge unternehmen. Auch Adolph will endlich den See kennenlernen, bevor wir wieder heimkehren.«

»Das wäre wundervoll.«

»Wir werden am Sonntag unsere Kutsche nehmen. Aber jetzt erzähl erst mal, wie es in Giengen läuft. Hat sich die kleine Emilie wieder erholt?«

»Ja, es sieht so aus, als ob das Augenlicht nach der Hirnentzündung zurückkehrt. Aber Schwager Michael ist immer noch untröstlich und mit den Kindern allein. Natürlich hat er Hilfe in der Verwandtschaft. Dass unsere Marie so früh sterben musste.« Noch jetzt, nach zwei Jahren kamen Margarete die Tränen. »Wenn ich ihnen nur mehr helfen könnte.«

»Dafür gibt es andere. Und wie geht es daheim?«

»Wie immer. Die Mutter klagt viel, der Vater arbeitet noch, wenn er auch mehr und mehr dem Fritz das Geschäft überlässt. Und Fritz und seine Frau füllen das Haus mit ihren Kindern. Inzwischen sind es schon vier.«

»Bei Hans und Lina fünf. Sag mal, wie kommst du mit Lina aus? Sie ist nett zu mir, aber irgendwie … Wenn sie uns hier besucht, versucht sie mir ständig etwas zu erklären. Wie die Pflanzen unten am See heißen, die Tiere. Letztens hat sie über die Federn an meinem Hut geschimpft. Ich war so stolz auf die Paradiesvogelfeder. Von den armen Tieren, die solche schönen großen Federn besäßen, würden viel zu viele abgeschossen und vom einen Ende der Welt zum anderen geschafft, nur wegen der paar Federn.«

»Das ist ihr Lieblingsthema. Deswegen trage ich auch dieses Filzgesteck. Federn würde sie mir nicht verzeihen. Sie fühlt sich wohl ein bisschen persönlich betroffen, da aus dem Hähnleschen Filz viele Hüte mit Federn gemacht werden. Sie liebt halt Vögel über alles und hat ein ganzes Zimmer mit Volieren für ihre Lieblinge. Die füttert sie selbst und pfeift mit ihnen um die Wette. Wahrscheinlich hat sie ja auch recht.

Sonst ist sie nett und hilfsbereit. Von meinen Elefanten hat sie mir gleich fünf Stück abgekauft. Stell dir vor, einer der Buben ist nahe am Wasser gebaut, um es vorsichtig auszudrücken. Als ich ihm so ein Tier schenken wollte, wenn er verspräche, nicht mehr wegen jeder Kleinigkeit zu heulen, hat er so laut geschluchzt, dass ich ihm sofort einen gegeben habe, damit er bloß still ist.«

Die beiden Frauen begannen zu lachen, konnten gar nicht wieder aufhören. »Mit dir ist es noch immer so lustig wie früher. Weißt du noch, wie wir meine Mutter in Wut gebracht haben, weil wir eine ganze Stunde lang gegiggelt haben und die Strickstrümpfe einfach nicht wachsen wollten? Ach, Gretle, wie hat sich seitdem alles verändert.«

»Aber wir sind zwei verrückte Hennen geblieben.«

Sie leisteten sich nach dem Kaffee noch ein Tässchen Kakao, den sie löffelchenweise schlürften.

»Ansonsten sind die Kinder von Hans und Lina anstellige Kerle. Der Zweite tüftelt ständig herum und soll schon ein paar brauchbare Dinge erdacht haben.«

»Das ist bei Fritz' Buben nicht anders.«

Am Abend servierte das Dienstmädchen den Herrschaften ein Festessen, wie die Steiffs es sich nicht einmal zu Weihnachten leisteten. Eine gestärkte Damastdecke, Weinpokale,

Silberbesteck, Teller für Suppe, Hauptgang und Dessert extra. Als die Männer sich anschließend zu Zigarre und Cognac in den Herrensalon zurückzogen, mahnte Marie: »Bleibt nicht zu lange. Der Abend ist viel zu schade, um im Haus zu sitzen. Wir nehmen unseren Likör auf der Terrasse. Und wenn ihr über Geschäfte reden wollt: Die interessieren Gretle und mich auch brennend. Schließlich sitzt ihr mit einer Unternehmerin am Tisch.«

Die beiden schmunzelten. »Der Herr kaufmännischer Direktor der Wollfilzmanufaktur und meine Wenigkeit werden sich bemühen, den Damen zu Diensten zu sein«, scherzte Fritz.

»Nichts da, in meiner Person hast du in Zukunft den Generaldirektor der Vereinigten Filzfabriken vor dir. Da bitte ich doch um ein wenig mehr Respekt.«

»Oh je, kann ich es da noch wagen, mit dir anzustoßen? Überblickst du noch, wo eure Filzfabriken alle stehen?«

»Noch ist das einfach: Gerschweiler, Giengen, Hörbranz. Aber es geht bald weiter. Wir sind mit Augsburg und Fulda im Gespräch und eröffnen in Kürze Comptoirs in London und …« Die restlichen Worte konnten die Frauen nicht mehr hören, da Adolph die Tür hinter den beiden geschlossen hatte.

»Stimmt das, was Adolph da erzählt?«

»Ja, sie reden bereits über eine Niederlassung in Amerika.«

»Wenn das nur gut geht.«

»Ich wundere mich auch immer. Aber Adolph behauptet, die Verträge habe der Präsident des Landtags, Friedrich von Payer, persönlich aufgesetzt. Der ist studierter Jurist und ein guter Freund von Hans, da sei alles hieb- und stichfest. Die Geschäfte scheinen so gut zu gehen, dass sie den Großbrand im Werk Gerschweiler vor zwei Jahren gut verkraftet haben.«

Als es dämmerte, erschienen auch die beiden Männer draußen. »Schließlich wollen wir den Sonnenuntergang nicht verpassen.«

Etwas so Schönes hatten Margarete und ihr Bruder noch nie gesehen. Die langen Wolkenbänder am Himmel leuchteten rosafarben auf, während die hohen Berge hinter dem See zu glühen schienen, langsam verglühten, bis sie nur noch als dunkle Umrisse in den Himmel ragten. Auf dem Wasser spiegelte sich noch eine Zeit lang das rosafarbene Licht der Wolken. Die Gespräche auf der Terrasse waren verstummt. Andächtig bewunderten alle dieses Naturschauspiel.

Als plötzlich die Gaslämpchen des Kronleuchters im Zimmer hinter ihnen aufflammten, rieb Margarete sich die Augen.

»Soll ich den Wein draußen servieren? Oder haben die Herrschaften noch einen anderen Wunsch?«, fragte das Mädchen höflich. Als sie die verstörten Gesichter der Tischrunde sah, meinte sie ängstlich: »Habe ich etwas falsch gemacht?«

»Nein, nein«, antwortete die Hausherrin. »Geh ruhig schon zu Bett. Wir brauchen dich heute nicht mehr. Ich muss sowieso noch einmal nach Erwin sehen. Ohne Gutenachtkuss schläft der Junge nicht ein.«

»Und wir werden uns wohl besser hineinbegeben. Vom See zieht kühle Luft herauf. Ich werde den Wein drinnen ausschenken«, meinte Adolph.

»Ist diese Gasbeleuchtung nicht gefährlich?«, fragte Margarete, während sie skeptisch zu dem glitzernden Kronleuchter hochschaute.

»Nein, überhaupt nicht. Was sich die Leute immer erzählen.« Adolph schenkte allen ein Glas Wein ein. »Fritz hat mir von deinen Elefanten erzählt, Margarete. Du solltest mehr davon nähen.«

»Wer gibt schon sein Geld für Kinderspielzeug aus?«

»Ich dachte, Lina hätte fünf Stück davon gekauft.«

»Lina, die kann sich so etwas leisten. Aber sonst? Spielzeug machen die Kinder sich doch selbst. Aus Lumpen, Knöpfen oder Holzabfällen.«

»Inzwischen können es sich eine ganze Menge Leute leisten, Kinderspielzeug zu kaufen und ihre Kinder zu beschenken. Denk nur an all die kleinen Dampfmaschinen und Lokomotiven. Der Pädagoge Friedrich Fröbel fordert, dass Kinder durch ihr Spielzeug Nützlichkeit, Wahrheit und Schönheit erkennen lernen sollen. Unserem Erwin haben wir einen Anker-Steinbaukasten geschenkt. Mit dem kann er nach einer Vorlage sogar einen griechischen Tempel bauen. Den wird er Fritz sicher morgen vorführen.«

»Ja, solche Dinge. Aber was lernt ein Kind mit einem Elefanten?«

»Der Elefant weckt das Interesse für die weite Welt. Außerdem weiß ich, dass in Thüringen in großer Anzahl Bauernhöfe aus Holz hergestellt werden. Mit vielen Tieren. Großstadtkinder bekommen heute nur noch selten Tiere zu sehen, manche kennen weder Kühe noch Schweine.«

»Du willst mich wohl hochnehmen, Adolph. Kinder, die keine Kühe und Schweine kennen. Was essen die denn für Fleisch?«

»Ja, von Tieren, die in Schlachthöfen geschlachtet wurden. Kein Kind bekommt davon etwas mit. Ich war in vielen großen Städten. In Paris werden die Kinder der Reichen im Jardin du Luxembourg von einer Gouvernante spazierengeführt, in einem Park, der mitten in einem Häusermeer liegt. Da gibt es nur ein paar Bäume und Enten am Teich. Etwas anderes sehen die nie. Die Kinder der Armen haben allerdings weder Spielzeug noch irgendetwas anderes. Die schuften zwölf Stunden und mehr in den Fabriken. Und dann hausen sie in feuchten Mietskasernen zu sechs Personen in einem Zimmer zusammengepfercht und müssen noch einen Nachtschichtarbeiter als Mieter am Tage in ihrem Bett schlafen lassen, da die Miete sonst unerschwinglich wäre. Da denkt niemand an Spielzeug. – Aber das ist ein anderes Thema.«

Fritz nickte: »Ich bin in Berlin in eine Vorstadt geraten, wo die Arbeitslosen mit ihren Kindern in Bretterverschlägen leben. Die Kinder siehst du den Tag über an den Straßen betteln.«

»Nun lasst diese abscheulichen Themen. Heute Abend feiern wir doch unser Wiedersehen.«

»Da hast du recht, Marie. Hoffen wir, dass dieses Massenelend nur eine vorübergehende Erscheinung ist. Die Industrie produziert so viel Reichtum ...« Adolph räusperte sich. »Bleiben wir bei Margaretes Geschäft. Wir brauchen hier gar nicht lang über Spielzeug im Allgemeinen und neue Bräuche zu reden. Ihr erzählt doch, dass Paul, Richard und Franz die Elefanten lieben, seit Gretle sie genäht hat. Und Linas fünf Buben offensichtlich auch.«

»Erwin hat darauf bestanden, seinen *Ele* mit ins Bett zu nehmen.«

Fritz strahlte. »Da seht ihr es. Viele Leute haben Geld, warum sollten sie nicht so einen schönen, weichen Elefanten kaufen? Ich habe schon überlegt, ob man nicht ein kleines Fahrgestell daruntersetzen sollte. Richard zieht seine Lokomotive auch gerne an einer Schnur hinter sich her.«

Am Sonntagmorgen brachen sie früh zu ihrem Ausflug auf. Erwin trug stolz seinen blauen Matrosenanzug mit den weißen Streifen am Ärmel, den Tante Gretle bestaunte und natürlich auch fachkundig befühlte. »Du hast für einen so schönen Anzug Baumwolle genommen?«, fragte sie erstaunt.

Marie reagierte ein wenig verlegen. »Für den Sommer ist der sehr angenehm. Leicht und luftig. Mit dem kann Erwin herumspringen und ist trotzdem fein angezogen.« Der Junge nickte und zog seine Kappe zurecht.

»Na, wenn du meinst. Gut verarbeitet scheint er ja zu sein.«

Sie nahmen in der Kutsche Platz, Margaretes Rollstuhl wurde von Fritz und dem Kutscher fachgerecht auf dem Dach festgeschnallt – der Wagen sollte schließlich nicht, wie bei einer der letzten Reisen, mit zerbrochenen Rädern am Ziel ankommen – und dann ging es los. Man wollte nach Meersburg, wo Margarete unten am Wasser auf der Terrasse eines Gasthauses ein schönes Plätzchen fand, während die anderen zuerst in den Ort hinaufspazierten, um die Burg zu besehen. Erwin hatte während der Fahrt von nichts anderem geredet als von der Ritterburg.

Margarete ließ sich an den ersten Tisch schieben, von dem aus sie eine hervorragende Sicht über den See hatte. Sie lehnte sich bequem in ihrem Rollstuhl zurück und nippte an ihrer Limonade. Holundersaft, der sanft schmeckte und samtig die Kehle hinunterrann. Der Himmel hatte sich eingetrübt, trotzdem sah es nicht nach Regen aus. Im Gegenteil, sie konnte die wärmende Sonne durch die Wolken fühlen.

Das Wasser breitete sich als schier unendliche graue Fläche vor ihr aus, an manchen Stellen glatt, an anderen gekräuselt in leichten, lang gezogenen Wellen. Ein silbriger Schimmer lag darauf, der manchmal aufblitzte und blendete. Das Wasser schien die Sonnenstrahlen noch leichter aufzunehmen als ihre Haut und den Glanz der Lichtstrahlen zu bündeln.

Das Schweizer Ufer war als dunkelgraue Linie zu sehen, die Umrisse höherer Berge dahinter ließen sich nur erahnen. Aber sie wusste, dass sie dort waren, gestern hatte sie die weißgezackten Riesen deutlich erkennen können. Rechts, der herausragende Berg, der Säntis, war genauer auszumachen, doch davor schwebte eine dünne Wolke, die sich langsam nach unten senkte und das Vorland in Nebel tauchte.

Margarete wandte den Blick wieder aufs Wasser. Ein schwarzer Strich war da zu sehen, Umrisse eines Bootes, das sich rasch vorwärtsbewegte und mit jedem rhythmischen Ruderschlag das Wasser ein wenig mehr in Bewegung versetzte.

Als plötzlich Erwin strahlend auf sie zugerannt kam, atemlos von den vielen Stufen, die er alle hoch- und heruntergelaufen sei, und von einem Schlossgespenst und Ritterrüstungen plapperte, während die übrigen Familienmitglieder am Tisch Platz nahmen und Wein und Kuchen bestellten, war Margarete fast ein wenig enttäuscht. Das Wasser, der See, die Farben, die Berge ... dass es so etwas Schönes gab. Ruhe, in der Bewegung mitschwang. Sie hätte den Augenblick gern noch dauern lassen, das Wohlgefühl, das sie durchflutete, für das sie keinen Namen hatte, das ihr das Herz weit machte und das sie in ein anderes Wesen zu verwandeln schien. Neidvoll blickte sie einer Ente nach, die sich – vom Lärm der Gäste verscheucht – über das Wasser erhob und flügelschlagend davonflog.

November 1881

Margarete zählte die Schläge der neuen mechanischen Uhr von der Hochwacht, dem Turm, auf dem früher die Stunden mit der Hand angeschlagen wurden. Vor Kurzem hatte es viermal geschlagen und nach einer Pause noch einmal zusätzlich. Gerade hatte es nur einen Schlag getan. Ein Uhr fünfzehn. Das wusste sie jetzt immer auf die Viertelstunde genau. Manchmal war das gut zu wissen, aber häufig hasste sie diesen Viertelstundenschlag. Seitdem es diese neue Uhr gab, schien die Zeit davonzulaufen und unerbittlich zu mahnen. Und das Turmblasen, das sie früher zweimal am Tag erfreut hatte, erklang jetzt nur noch am Sonntag. Sie hatte dann immer gewusst, dass dort oben auf dem Turm wenigstens ein Mensch außer ihr in Giengen noch arbeitete. Jetzt war da nur ein Uhrwerk.

Der Versandhandel machte inzwischen einen großen Teil ihres Geschäftes aus, gefolgt von den Filzunterröcken für Siegle. Natürlich hatte sie weiterhin zu nähen. Vor allem die

Verwandtschaft verließ sich auf ihre Tante, und die wollte sie natürlich nicht im Stich lassen. Die Elefanten kamen erst an letzter Stelle. Ganz konnte sie sich mit dem Gedanken, Kinderspielzeug in größeren Mengen herzustellen, noch nicht anfreunden. In diesem Jahr wollte sie für das Weihnachtsgeschäft achtzehn Tiere nähen.

Vor ihr lag die Rechnung für Lina Hähnle. Stolz betrachtete sie den Bogen. Sie benutzte inzwischen vorgedruckte Blätter, auf denen oben der Ort und die Jahreszahl stand, sodass sie nur Tag und Monat eintragen musste. Darunter stand in großen Buchstaben: »Rechnung von Margarethe Steiff«, wobei die Anfangsbuchstaben kunstvoll ausgestaltet waren. Das sah einfach wunderbar aus. Manchmal starrte sie eine ganze Weile auf diese Bögen. Ihr Name so kunstvoll gedruckt! Darunter folgte – viel kleiner – der Name des Kunden, den sie mit der Hand hineinschrieb. Abgerechnet wurde seit einiger Zeit überall in Reichsmark. Sie blätterte in ihrem Auftragsbuch, tauchte die Feder ins Tintenglas und füllte dann langsam, mühsam, Zeile für Zeile in ihrer Sütterlinschrift die Rechnung aus:

Giengen a./B.,   den 7. Nov. 1881
für Frau Lina Hähnle

Juli
Baregekleid machen   6,-
Seide, Faden usw.   -,50
hellgraues Kleid   3,50
Einfaßborte usw   -,60
2 Kleider auslaßen, Bettkittel schneiden
1 Bund aufnähen   1,-
2 ½ Meter Futter   1,50
graues Winterkleid richten   -,50

Sept. 13
1 Tag nähen   1,-
2 Paar Hosen flicken   -,70
Flanellhemden schneiden   -,60
2 Paar neue Hosen machen à -,80   1,60
Litzen und Knöpfe dazu   -,50
1 Jäckle und ein Paar Hosen ändern   1,20
2 Hemden und ein Paar Hosen schneiden   -,30
rothes Kleidle für Hermann ändern   -,50
Filzkleidle machen, Samt und Knöpfe   2,50
grünes Kleid einfaßen und kürzen   -,50
Taschen in Hermanns Kleidle und
Schürzle richten   -,40
                                                    23,40

dankend erhalten
M. Steiff

Ein Bär erobert die Welt

September 1896

Wieder einmal saß Margarete an ihrem Schreibtisch. Eine Gratulations- und Entschuldigungskarte wollte sie schreiben. Wie sollte sie ihr Fernbleiben von der Silberhochzeit des Herrn Kommerzienrates nur formulieren? Schließlich wollte sie Lina und Hans nicht vor den Kopf stoßen. Und Marie und Adolph schon gar nicht. Sie verstand sich gut mit ihnen, sah Hans und Lina jedoch selten.

Hans war mit der Politik beschäftigt, hatte die Krankenversicherung, die der Reichstag in Berlin plante, als einer der Ersten in seiner Fabrik eingeführt. Außerdem arbeitete er an der Gründung einer »Volksbank« in Giengen. Lina hatte vor zwei Jahren den »Schwäbischen Bund der Vogelfreunde« gegründet.

Bei den Hähnles ging die Welt ein und aus; sie residierten inzwischen in einer schlossähnlichen Villa in Stuttgart. Ach was – schlossähnlich! Es *war* ein Schloss mit einer breiten Auffahrt, Türmen und unzähligen Zimmern. Feiern würden sie hier in ihrer Giengener Villa. Auch die war groß und üppig eingerichtet. »Im Stile des Historismus«, hatte Lina einmal gesagt. »Auf Stil legt Hans nämlich sehr viel Wert.«

Aber sie schweifte ab. Sie hatte sich gerade die Auftragsbücher angesehen. Die waren bis Weihnachten randvoll. Inzwischen war passiert, was sie vor wenigen Jahren noch für unmöglich gehalten hatte. Die Leute kauften ihre Spielzeugtiere in Mengen. Hatte sie 1881 mit achtzehn Elefanten angefangen, so waren es vier Jahre später bereits – sie hatte die Zahlen genau im Kopf – 5066 Elefanten und 104 Affen.

Vor acht Jahren war die Werkstatt in der Ledergasse endgültig aus den Nähten geplatzt. Ihr Bruder Fritz hatte das Grundstück am alten Pulverturm gekauft und den Turm abgerissen. Das große Wohn- und Geschäftshaus für seine Schwester, das er darauf gebaut hatte, war jedoch nach kurzer Zeit schon wieder zu klein gewesen. 1890 hatte er spiegelverkehrt ein zweites Haus ans andere Ende der Wiese gesetzt und ein Jahr später die Baulücke zwischen den großen Häusern auch noch geschlossen. Dort war jetzt die Packerei untergebracht.

Zwei Jahre später hatte sie dann den ersten großen bunten Katalog ihres Geschäftes herausgebracht, das sich nun Filz-Spielwaren-Fabrik nannte. Inzwischen betrug ihr Jahresumsatz rund 90 000 Reichsmark, und sie bot im Katalog 256 verschiedene Artikel an. Bei den Zahlen wurde ihr immer noch ganz schwindlig.

Sie hatte jetzt ein eigenes holzgetäfeltes Arbeitszimmer, das sich sehen lassen konnte. Das hatte sie sich etwas kosten lassen – und stilvoll war es auch. Sie saß an einem großen Schreibschrank, der einen Aufbau mit vielen offenen Fächern besaß. Zwar waren gerade geschweifte Giebel bei Schränken in Mode, aber sie mochte lieber geometrische Formen. Statt aufgesetztem Schnitzwerk waren bei ihrem Schrank einzelne Paneele dunkel eingefasst. Das Kostbarste waren jedoch die Schubladen mit einem gedrechselten Knauf aus Elfenbein. Auch an der übrigen Ausstattung ihrer Räume hatte sie nicht gespart und für die Wände eine mit zarten Blumen bedruckte Tapete gewählt. Die Sessel waren aus edlen glänzenden Hölzern gefertigt. Die modischen Troddel und Portieren mochte sie immer noch nicht, und so waren auch die Sitzmöbel mit einfarbigem Samt bezogen.

Ihre Produktion hatte sie mit dem Schnittmuster aus der »Modenwelt« angefangen. Die ersten eigenen Entwürfe waren noch etwas krumm und schief gewesen. Aber inzwischen gab es Leute in der Firma, die Entwürfe machten. Erfreulicherweise waren die Neffen Richard, Franz und Paul richtige Tüftler, wie ihr Vater. Von früh auf steuerten sie Ideen für die Entwürfe und zur Verbesserung der Spielzeugtiere bei.

Beim Material achteten sie streng auf Qualität. Denn Kinder gingen oft ruppig mit ihrem Spielzeug um, selbst mit den Tieren, die ihnen ans Herz gewachsen waren. Eine Nacht, vergessen irgendwo im Garten – wie leicht konnte das passieren. Solche Belastungen sollten die Tiere natürlich aushalten, und dafür mussten sie aus wirklich gutem Material bestehen.

Die größeren Tiere stellten sie inzwischen mit federnden Stahlgerippen her. Oder man befestigte sie – wie Fritz es bereits vor Jahren vorgeschlagen hatte – auf Gestellen mit Rädern, die auch einen erwachsenen Reiter aushielten. Margarete schaute sich alle Modelle genau an, bevor sie in die Produktion gingen. Vor allem der Veloziped fahrende Hase hatte es ihr angetan!

Es gab ein Foto, wie der große Hugo auf zwei kleinen Stoffhunden mit Rollen balancierte, um ihre Unverwüstlichkeit zu prüfen. Die Neffen hatten sich nämlich einen dieser neuen Apparate gekauft, eine ganz moderne Fotokamera. Begeistert hielten sie auf Bildern fest, was sich ihnen in der Firma und daheim bot. Anschließend hatten sie es immer eilig, denn die belichteten Glasplatten mussten rasch in der Dunkelkammer entwickelt werden. Das war eine Geheimwissenschaft – Margarete konnte nur staunen.

Sie selbst hatte diese Anschaffung für ein wenig übertrieben gehalten, war aber dafür mit gutmütigem Spott überschüttet worden. Man müsse mit der Zeit gehen. Ohne eine solche Kamera könnte die Firma gar nicht mehr existieren, hatte Richard ihr mit einem hinterlistigen Grinsen erklärt. Bald würde er nämlich die Tiere einfach in Stuttgart in der Wilhelma auf die Fotoplatte bannen – und schon sei das Schnittmuster fertig! Der konnte ihr viel erzählen. Dass die jungen Leute es heutzutage wagten, ihre alte Tante auf diese Weise zu verulken! Manchmal waren die Kerle reichlich übermütig.

Aber eben auch tüchtig. Richard hatte in den vergangenen Jahren in der Filzfabrik das kaufmännische Rüstzeug erlernt und besuchte nun die Kunstgewerbeschule in Stuttgart. Die anderen Buben machten ähnliche Ausbildungen. Die konnte ihre Tante ihnen inzwischen bezahlen. Und auf eine gute Ausbildung legte sie wert.

Richard wollte im nächsten Jahr zum ersten Mal mit den Produkten der Filz-Spielwaren-Fabrik einen Stand auf der Leipziger Messe eröffnen. Auch dafür liefen bereits die Vorbereitungen. Leider gab es auch schon einige minderwertige Nachahmer ihrer Spielzeugtiere, und sie hatten sich gemeinsam den Kopf zerbrochen, wie man sich davor schützen konnte. Mit einem kleinen Anhänger aus Papier – zuerst ein Kamel, dann war es ein Elefant – versuchten sie, auf die Margarete-Steiff-Firmenmarke hinzuweisen. Was Margarete besonders gut gefiel: Auf dem Anhänger bildete der Elefantenrüssel das S aus ihrem Namen Steiff. Sehr wirkungsvoll waren diese leicht zu entfernenden Anhänger allerdings nicht. Damit würden sie sich noch länger befassen müssen. Aber immerhin war ihre Filz-Spielwaren-Fabrik inzwischen ins Handelsregister eingetragen.

Fabrikmarke, Musterschutz, Handelsregister – alles Wörter, die ihr noch vor wenigen Jahren nichts gesagt hätten. Der Aufstieg der Firma war eine harte Schule gewesen. Die Auftragszahlen, die Muster, die Korrespondenz mit den Kunden – das alles ging Margarete ständig im Kopf herum. Sie musste die Arbeitsschritte planen: Wer sollte welche Tiere in welchen Mengen zuschneiden und nähen? Wurden die richtigen Stoffe genommen? Für einige Tiere benutzten sie nämlich inzwischen auch flauschige Felle. Stimmten Größe und Form? Gingen die

Rechnungen pünktlich heraus? Wurden die Heimarbeiterinnen beliefert und die Ware pünktlich abgeholt? Kamen neue Bestellungen herein? Das alles musste sie beobachten und kontrollieren. Natürlich mussten auch ständig neue Arbeitskräfte angelernt werden. Dabei konnte sie nur Leute brauchen, auf die Verlass war, die pflichtbewusst und ordentlich ihre Arbeit erledigten. Die Nähte mussten halten – an jeder Stelle.

Margarete war es wichtig, die Menschen persönlich zu kennen, die bei ihr arbeiteten. Von den Frauen, die die Nähschule in Giengen besucht hatten, wusste sie, dass sie ihr Handwerk verstanden. Als Chefin einfach nur so durch den Betrieb gefahren zu werden, das kam für sie nicht infrage; es musste auch Zeit sein, mit den Zuschneidern, Näherinnen, Stopferinnen, ja selbst mit den Leuten von der Packerei ein paar Worte zu wechseln, sich nach den häuslichen Umständen zu erkundigen und da, wo Hilfe nötig war, zu helfen.

Nein, für diese Silberhochzeit hatte sie einfach keine Zeit. Oder sie würde wie auf heißen Kohlen dort herumsitzen. Die Jubilare würden das verstehen. Auch ohne sie würden die hohen Gäste aus Stuttgart anreisen, Festreden würden gehalten, in denen natürlich erwähnt würde, dass der Giengener Filz nun schon bis China verkauft werde. Hans, der Herr Kommerzienrat, würde von den Abenteuern seiner Orientreise erzählen, dem Dampfschiff, das ihn und seine Stuttgarter Freunde durch die Adria und das Ägäische Meer bis an den Bosporus nach Stambul gebracht hatte. Daneben würde die große Politik das Gespräch bestimmen; vor allem Hans' Steckenpferd, das Steuerwesen, die neuen Bismarckschen Sozialgesetze und die ewige Diskussion, ob die Württemberger mit einem Reich gut beraten wären, dessen Dreh- und Angelpunkt Preußen war. Schließlich würde Lina allgemein bewundert werden, wie sie alles schaffe – mit den vielen Kindern, dem großen Haushalt und ihrer weitläufigen Korrespondenz in der Sorge um die Vögel Europas.

Irgendwann würde man sicher auch auf ihren, Margaretes, Betrieb zu sprechen kommen – wie groß der Erfolg sei und wie bewundernswert sie die Firma leite. Die freisinnigen Herren aus dem Reichstag betonten gern, dass in Berlin von Frauenvereinen das Recht der Frau auf qualifizierte Erwerbsarbeit gefordert werde, während sie hier in Giengen das ganz selbstverständlich leiste. Aber Margarete sei ja auch ein besonderer Fall.

Sie lächelte in sich hinein. Die Gastgeber würden ihr Bedauern darüber ausdrücken, dass sie nicht anwesend war, aber sie würden es ihr nicht übel nehmen. Die Pflicht ging vor, das wusste jeder. Der Reh- oder Hirschbraten und die vielen anderen guten Dinge, Soufflés, Gratins, Desserts und wie das jetzt alles hieß, die Weine, Liköre, der Kaffee … es würde allen munden.

Sie suchte also eine ihrer kleinen rosa Karten heraus, gratulierte dem Jubelpaar und entschuldigte sich mit der Auftragslage für ihr Fehlen. Für die kleine Putzi legte sie eine Schäferei als Geschenk dazu, schließlich konnte sie ja den Erwachsenen kein Spielzeugtier schenken, und etwas anderes fiel ihr nicht ein. Als sie die Karte noch einmal durchlas, merkte sie, dass sie vielleicht doch – dem Anlass entsprechend – eine etwas größere Gratulationskarte hätte nehmen können, aber der sparsame Umgang mit Papier war einer Schwäbin nun einmal selbstverständlich. Das würden die Empfänger der Karte genauso sehen wie sie.

1899

»Schneller fahr ich nicht, Tante Gretle. Das ist zu gefährlich.«

»Dass ihr jungen Leute immer so vorsichtig sein müsst.«

Otto lachte. »Ja, ja, ich weiß, der Herr Papa war ein begnadeter Rennfahrer, wenn er mit dir hinten auf dem Rollstuhl die

Niedere Gasse hinunterjagte. Aber damals warst du einfach das Gretle Steiff, nicht die Chefin einer weltbekannten Firma. Und ein bisschen jünger …«

»Ein bisschen schon, Otto, aber manchmal habe ich mich als junge Frau viel älter gefühlt als heute. Ich mache dir ein Angebot: Durch die Kurve bremst du ordentlich ab, dann kommen wir auf ein ganz gerades Stück Straße, wo auch der Bodenbelag gut in Ordnung ist. Da zeigst du, was in der Maschine steckt. Den Rest der Strecke können wir von mir aus gesittet und ordentlich dahintuckern.«

»Gesittet und ordentlich kann man mit diesem Motorrad gar nicht fahren. Die Leute meinen sowieso, dass wir einen Tick haben. Alle Benzin-Motor-Chaisen in Giengen samt dem Lastwagen gehören uns. Es fehlt uns nur noch eine eigene Eisenbahn. Und so ein zweirädriges Gefährt haben die meisten Leute noch nie gesehen. Vor allem nicht mit einem Beiwagen, in dem eine ältere Dame sitzt – über und über mit Straßenstaub bedeckt …«

»Dieses Motorrad ist einfach praktisch. Ich kann schließlich nicht mit auf dem Lastwagen fahren. Sieh das Motorrad als motorisierten Rollstuhl an.«

Während Otto beschleunigte, sodass die Maschine immer lauter knatterte, fühlte Margarete, wie ihr Blut in Wallung geriet. Es surrte angenehm in den Ohren, der Fahrtwind zauste an den Haaren, trotz der merkwürdigen Mütze mit den langen Klappen, die ihre Ohren schützen sollte. Am liebsten würde sie ihren Schal ablegen, um den Wind besser zu spüren. Und jauchzen vor Vergnügen.

Doch damit würde sie ihren Neffen ernsthaft schockieren. Er war so besorgt und hilfsbereit. Aber ob der sich vorstellen konnte, wie einer alten Tante zumute war, die bis in die Nächte hinein arbeitete, jetzt eine ganze Menge Geld besaß und doch sonst was darum gäbe, einmal wie andere herumspringen zu können, zu tanzen … oder einfach nur eine Treppe hinaufzusteigen? Bei allem, was ihren Körper betraf, konnte sie nie tun, was sie selbst wollte. Immer war sie auf Hilfe angewiesen.

Zum Glück gab es seit ein paar Jahren Johanna. Nicht eine Magd, sondern eine Freundin, die ihr den Haushalt führte und sie umsorgte. Ganz selbstverständlich und mit Freude. Das war für Margarete etwas ganz Neues gewesen, eine riesige Veränderung in ihrem Leben, trotz der großen Familie, die auch immer um sie herum war. Johanna erledigte all die vielen Handgriffe daheim für Margarete, die sie nicht tun konnte. Sie war Johanna dankbar und das beruhte auf Gegenseitigkeit, denn sie verschaffte der unverheirateten Frau ein Heim, eine Aufgabe und Unabhängigkeit von ihrer Familie. Am Abend nach getaner Arbeit saßen sie meist noch ein wenig zusammen und erzählten. Ohne allen Trubel. Margarete musste jetzt nicht mehr überlegen und fragen, wer sie bei ihren Besuchen begleiten könnte. Johanna war einfach da und gehörte zu ihr.

Manchmal wurde sie von kühnen Träumen geplagt: einmal wie Hans Hähnle nach Stambul zu reisen … einmal in Indien auf einem echten Elefanten zu reiten … einmal nach Amerika oder wenigstens nach England und Frankreich zu fahren … Wie jetzt die Neffen, die Karten aus Moskau, New York oder Paris schrieben, wenn sie fürs Geschäft unterwegs waren. Solange die Firma es zuließ, hatte auch sie selbst im Sommer immer eine kleine Reise gemacht: nach Ulm, Geislingen, Neckarsulm, an den Bodensee. Im Ländle halt. Nicht einmal in den Schwarzwald war sie seit ihrer Jugend wieder gekommen.

Ach, der gute Doktor Werner! Der war so gerne mit dem Pferdewagen durchs Land gezuckelt, auch wenn es über Stock und Stein ging. Sie selbst reiste heutzutage öfters nach Stuttgart, wo auch Familie Glatz inzwischen wohnte. Mit der Eisenbahn ging das so rasch und bequem.

Margarete sog tief die Luft ein. Na ja, nach Wald roch es in dieser Maschine nicht gerade. Maschinenöl und Benzin waren stärker als die Naturdüfte. Im letzten Winter bei den Schlittenfahrten – da war sie zwar nicht so schnell vorwärts gekommen, aber es war sehr schön gewesen. Sie hatte sich gut erholt in der Ruhe des Waldes, eingehüllt in die Schneelandschaft, die kalte Luft und den Geruch der Pferde.

März 1900

Fritz war schon länger krank. Margarete hätte eigentlich damit rechnen müssen, dass es eines Tages mit ihm zu Ende ging. Aber sie hatte es einfach nicht glauben wollen.

Sein Tod traf sie hart. Ihr Fritz, der seit Kindertagen mit ihr herumgetobt war, der nie geschimpft hatte wie andere Buben, die auf Geschwister aufpassen mussten – er hatte sie oft vergessen lassen, dass sie gelähmt war. Er hatte sie überall hingetragen und geschoben, seine starken Arme gaben ihr Sicherheit. Trotzdem hatte er sie immer als große Schwester akzeptiert, ihr mit Rat und Tat zur Seite gestanden. Er hatte für sie gebaut und war im Geschäft nicht wegzudenken.

Seine Söhne und Töchter hatte Fritz in christlicher Zucht und pflichtbewusst erzogen und ihnen doch Freiheiten gelassen, die sie neugierig auf das Leben machten. Sie waren so einfallsreich, dass die Tante sie in der Firma manchmal bremsen musste. Während Fritz mit seiner Schwester früher mit Knöpfen gespielt oder sich einfaches Spielzeug gebaut hatte, probierte er mit seinen Buben ganz andere Dinge aus. Natürlich mussten sie in seinem Baugeschäft hart schaffen und im Winter immer bei ihr aushelfen. Aber von Anfang an hatten sie, oft mit dem Vater zusammen, Spielzeug entworfen und allerlei andere Dinge, die sich irgendwann als nützlich erwiesen.

Und jetzt standen sie und Schwägerin Anna allein da. Zwar waren die Buben groß, aber Hugo, Otto und Ernst hatten die Lehrjahre noch nicht hinter sich, während Fritz' Tochter Lina bereits die Näherei leitete. Eva sollte in England bei einer Familie, mit der sie geschäftlich zu tun hatte, in Dienst treten, um die fremde Sprache zu lernen, von der die Tante nur ein paar Brocken wusste. *Humpty Dumpty sat on a wall ...* Mit solchen Reimen konnten die Geschäftsverbindungen ins Ausland nicht gepflegt werden.

Margarete seufzte. Ihre Schwester Pauline war Witwe, sie arbeitete auch im Geschäft mit, und sogar die kleine Emilie von ihrer Schwester Marie. Ach, es waren so viele aus der Familie, die in verantwortlicher Stellung ihr zur Seite standen. Und doch trug sie für alle die Verantwortung. Ohne Fritz würde sie noch viel schwerer daran tragen.

Margarete hatte schon viele Beerdigungen erlebt: vor ein paar Jahren erst die Mutter, dann der Vater, ihre Schwester Marie, Tante Ursche. Sie war es nicht gewohnt, ihre Gefühle offen zu zeigen, aber am Grab von Fritz rang sie mit Tränen, die erst in der Nacht im Bett zu einem Strom anschwollen, der sie zu ersticken drohte.

24. Dezember 1904

Ein junger Mann schob Margarete Steiff in ihrem Rollstuhl langsam durch die große Halle, die selbst heute, im dämmrigen Weihnachtswetter, hell wirkte. Vorbei an den endlosen Arbeitstischen, die vor einer bis zum Boden reichenden Fensterfront standen. Heute waren die Stühle verwaist, trotzdem hatte sie ihren Fahrer angewiesen, sie langsam durch die Säle zu schieben. Kaum zu glauben, dass hier bis gestern fieberhaft gearbeitet worden war.

Die Firma Steiff stellte inzwischen so viele Produkte her. Aber seit einem Jahr hatte sich eines in den Mittelpunkt der Produktion geschoben: der Bär, den Richard entworfen und mit beweglichen Armen und Beinen ausgestattet hatte.

Margarete war zuerst skeptisch gewesen, irgendetwas an diesem Tier hatte ihr nicht gefallen. Aber dann hatte ein Amerikaner auf der Leipziger Messe aus einer ihr unverständlichen Laune heraus mehrere Tausend davon bestellt. Und seitdem eroberte der Steiff'sche Bär Amerika. Zwölftausend Stück hatten sie in diesem Jahr davon hergestellt. Zwölftausend! Die Zahl kam ihr immer noch unglaublich vor. Aber sie hatte gesehen, wie sie hier entstanden und verpackt wurden. Die Hektik, die Schufterei, die endlosen Überstunden für alle. Kaum zu glauben, dass die Bären noch vor wenigen Tagen zu Hunderten auf den Tischen genäht und gefüllt wurden. Bergeweise lagen sie überall herum. Aber jetzt waren sie alle unterwegs in die Welt – und heute sollte gefeiert werden.

Es war ein besonderer Tag und Margarete wusste, welcher Trubel auf sie zukam. Deswegen wollte sie den Tag wenigstens mit ein wenig Ruhe beginnen. Sie liebte die Produktionsräume, weil sie so viel Licht hereinließen, von allen Seiten, sodass man gar nicht richtig das Gefühl hatte, in einer Fabrikhalle zu sein. In welch dunklen Löchern in vielen Fabriken gearbeitet wurde! Scheußlich. Wenn ihre Mitarbeiter schon von früh bis spät arbeiten mussten, dann sollten sie wenigstens das Tageslicht ein wenig genießen können. Sie selbst hatte genug Nächte hindurch genäht und wusste, wie weh das den Augen tat. Aber ausgerechnet bei diesem Bau hatten die Behörden befürchtet, das viele Licht könnte den Augen schaden.

Im letzten Jahr hatten sie schon wieder neu bauen müssen. Ihre Hallen waren so ungewöhnlich konstruiert, dass sie mit der Baugenehmigung Ärger gehabt hatten. Schließlich hatten sie trotzdem gebaut und hinterher die Strafe bezahlt. Die

Konstruktion hatte Richard ersonnen, nachdem er in London den Glaspalast für die Weltausstellung gesehen hatte. Das Ganze war preisgünstig, bestand aus Eisenträgern mit gläsernen Wänden. So wurden die Arbeitsräume von allen Seiten von Licht durchflutet. Damit hatte er sie überzeugt. »Sonnenlicht schmückt ein Gebäude mehr als Treppchen, Erker und Türmchen«, hatte er gesagt.

Natürlich führten rundherum Rampen, damit die Firmenchefin alle Räume erreichen konnte. Diese Bauweise erwies sich jedoch auch für den Transport der Waren als hilfreich. Ansonsten standen die Fabrikgebäude auf der Wiese da wie einzelne Riesenbausteine aus Glas. Die Giengener nannten sie ein wenig despektierlich das Jungfrauenaquarium. Aber das gefiel Margarete. Sie schwamm darin herum wie die Seejungfrau im Märchen, nur dass sie längst nicht mehr auf den Märchenprinzen warten musste.

Als sich die Tür zum oberen Saal des Glashauses öffnete, brandete Applaus auf. An langen, gedeckten Tischen saßen 160 Leute, die alle für die Firma arbeiteten. Und heute wollten sie gemeinsam feiern. Denn es gab viel zu feiern. Neffe Franz war gerade von der Weltausstellung in St. Louis in den Vereinigten Staaten von Amerika zurückgekehrt. Er hielt eine Rede, in der er allen für ihre pflichttreue Arbeit dankte, denn nur mit der Hilfe aller habe sich die Steiff-Produktion wegen ihrer ungewöhnlich guten Qualität weltweit durchsetzen können. Endlich seien ihre Tiere auch gesetzlich geschützt: durch den kleinen Elefantenknopf, den von nun an jedes Steiff-Tier im Ohr tragen würde.

Er wartete den Applaus ab, setzte erneut an, denn er wollte noch zu seinem eigentlichen Thema kommen, der Weltausstellung in St. Louis. Dort habe er im Namen der Firma Steiff das Eingangsportal der Spielwarenabteilung gestalten dürfen. Aber damit der Ehre nicht genug. Was er dort erlebt habe, sei unglaublich. Wenn er es nicht mit eigenen Augen gesehen hätte, würde er jeden, der ihm davon erzählte, für einen Lügner halten, der ihm einen Bären aufbinden wollte. Alle lachten und klatschten erneut.

In Amerika sei wahrhaft das Bärenfieber ausgebrochen, erzählte Franz. Man nenne den Steiff-Bären dort Teddy – nach ihrem Präsidenten Theodore, kurz Teddy, Roosevelt. Dieser sei ein begeisterter Jäger, besitze bereits mehrere Exemplare der »Steiff-Teddys« und schätze sie offensichtlich genauso wie die echten Bären. Es sei also angebracht, auf den amerikanischen Präsidenten anzustoßen … Aber halt, zuvor habe er noch zwei Medaillen zu überreichen, denn der Firma Steiff sei auf der Weltausstellung der Grand Prix zuerkannt worden, der höchste Preis überhaupt. Und ihm werde nun die Ehre zuteil, seinem Bruder Richard und Fräulein Margarete Steiff, seiner Tante Gretle, die beiden goldenen Medaillen zu überreichen.

Unter donnerndem Applaus und nicht enden wollenden Hochrufen übergab er die beiden Medaillen.

Endlich bat Margarete um Ruhe und forderte die Anwesenden auf, ihr eigenes Wohl nicht zu vergessen und jetzt endlich bei Kaffee, Stollen und Bier zuzugreifen. Was noch einmal mit großem Applaus gewürdigt wurde.

Am Abend konnte Margarete lange nicht einschlafen. Sie hatte ihr Nachtgebet längst gesprochen, aber wie so oft wälzte sie sich noch stundenlang herum. Es ging ihr so vieles durch den Kopf: das Geschäft, die vielen Leute, die Hektik, nie gab es Ruhe, bergeweise waren die Bären hergestellt und verpackt worden, Lastwagen vorgefahren, Briefe gekommen und abgeschickt worden … In ihrem Kopf surrte es wie in einem Bienenkorb. Und jetzt auch noch eine Goldmedaille … aus Amerika … Das war mehr, als sie fassen konnte.

Merkwürdigerweise kam ihr in letzter Zeit der Aufenthalt

im Kinderheim wieder in den Sinn. Bei Doktor Werner hatte sie so viel Schönes erlebt. Er hatte für die Kinder immer nur das Beste gewollt, ihren Sinn auf das Schöne im Leben gelenkt und alles getan, damit »seine« Kinder sich wohl fühlten. Vielleicht war es sein Einfluss, der ihr das Motto für ihre Kataloge eingegeben hatte: »Für die Kinder ist nur das Beste gut genug.«

Die Zeit bei Doktor Werner war erfüllt gewesen von einem Glauben an Gott, der sich der kranken Kinder annahm und sie liebte. Ja, dort hatte sie sich geliebt gefühlt. Später hatte sie oft mit Gott gehadert, weil er sie mit dieser Krankheit geschlagen hatte. Eigentlich hatte sie ihm nie ganz verziehen.

So vieles im Leben war ihr versagt geblieben: ein eigener Mann, eigene Kinder, die alltägliche Freude, sich bewegen zu können. Und das hatte sie Gott immer wieder vorgerechnet. Ihr Körper hatte ihr nie ganz gehört. Ihr fehlte die Kraft der Beine, der rechten Hand und alles, was damit zusammenhing. Andere konnten gar nicht ermessen, was das bedeutete.

Auf der anderen Seite hatte Gott ihr Unglaubliches zugeteilt. Was aus ihr geworden war – eine Frau, die etwas leistete, die einem großen Unternehmen vorstand, vielen Menschen Lohn und Brot geben konnte, von Neffen und Nichten umgeben, die sie liebten und ihr Freude machten: Das alles war wunderbar und wog schwer.

Die Ehrungen, die sie erhielt, genoss sie in vollen Zügen, aber sie waren nicht das Entscheidende. Wie wäre es ihr wohl ergangen, wenn sie nicht gelähmt gewesen wäre? Oder wenn sie wie Marie im Kindbett gestorben wäre? Wenn sie in der Filzfabrik als einfache Näherin hätte arbeiten müssen? Oder in der Fabrik eines anderen Menschen?

Vor lauter Arbeit hatte sie lange nicht mehr an ihren Konfirmationsspruch gedacht. Langsam sagte sie sich den Satz aus dem zweiten Korintherbrief noch einmal vor, denn vergessen hatte sie ihn nie: »Lass dir an meiner Gnade genügen; denn meine Kraft ist in den Schwachen mächtig.« Ja, für sie stimmte er. Gott hatte ihr reichlich zugeteilt. Eine Rechnung mit ihm aufzumachen, wäre Unrecht.

Sie lächelte in sich hinein und schlief beruhigt ein.

Der Erfolg blieb der Firma Steiff treu. Immer mehr Arbeitskräfte wurden eingestellt. Margarete fühlte sich manchmal wie unter Fremden und zog sich häufig in ihr Arbeitszimmer zurück. Immer mehr Geschäftsbereiche überließ sie den Neffen und Nichten. Zu Hause gab es inzwischen eine kleine Margarete, das Kind ihrer Nichte Eva, die ihr viel Freude machte und der sie sich widmete, so oft die Arbeit es zuließ.

Sie fühlte das Alter herannahen. Es starben ständig Menschen, und viele waren jünger als sie. Auch wenn die Neffen und Nichten sie beschwichtigten und ihr noch viele Jahre vorhersagten – sie wollte das Geschäft geordnet übergeben. So wurde im Jahr 1906 die Margarete Steiff Gmbh gegründet und die Neffen Richard, Paul und Franz zu Geschäftsführern ernannt.

Im Jahr 1907 wurden in Giengen fast eine Million Bären hergestellt – von rund 400 Mitarbeitern, die Margarete allerdings nicht mehr alle persönlich kannte. Außerhalb des Werks arbeiteten 1800 Heimarbeiterinnen und auswärtige Angestellte für die Steiffs. Doch dann traf die amerikanische Wirtschaftskrise auch das Giengener Werk mit großer Wucht. Die Neffen versuchten die Tante zu beruhigen. Sie seien auf dem europäischen Markt so gut im Geschäft, dass sie diese Krise meistern würden.

Margarete Steiff verfasste ein Testament, in dem sie ihre Familienangehörigen finanziell versorgte, und gründete mit 3000 Mark eine Stiftung für arme und kranke Kinder. Verglichen mit den Tausenden von Goldmark, die Hans Hähnle in seine Arbeiterwohnungen steckte, war das nicht üppig, das war ihr bewusst. Aber der Herr Kommerzienrat musste wohl auch seine freisinnigen Ideen als Politiker umsetzen und hatte nicht mit einer amerikanischen Wirtschaftskrise zu kämpfen. Sparsamkeit war und blieb für Margarete eine Tugend und die Versorgung der Familie hatte eindeutig Vorrang.

Richard tüftelte wieder etwas aus, das spürte sie genau. Er reiste ein paar Mal nach Friedrichshafen, weil dort ein Graf Zeppelin an einem Luftschiff baute. Das fand die Tante nun doch ein wenig zu verrückt. »Du wirst nicht all unseren Erfolg mit solchen Flugträumen aufs Spiel setzen?«, fragte sie beunruhigt.

»Habe ich schon mal irgendetwas Unbrauchbares konstruiert?«, gab der Neffe ein wenig beleidigt zurück. Einige Monate später präsentierte er der Tante und den Geschwistern ein recht harmlos aussehendes Stoffpaket. »Wenn man das richtig zusammensetzt, ist es ein Fluggerät, das in Kürze in ganz Europa am Himmel zu finden sein wird. Man kann damit auch einen Schlitten ziehen.«

Um die Harmlosigkeit seines »Drachens« zu demonstrieren, setzte er ein paar Kinder, die begeistert waren, fliegen zu dürfen, in einen Korb. Tatsächlich: das Fluggerät hob vom Boden ab, war aber zum Glück sicher mit einem langen Seil am Boden vertäut. Diesmal träumte die Tante nicht davon, sich auch in die Lüfte zu erheben.

Im Mai 1909 erkrankte Margarete Steiff unerwartet. Zuerst sah es nach einer harmlosen Erkältung aus. Aber dann stieg das Fieber, und der Arzt diagnostizierte eine Lungenentzündung. Zwei Wochen lang rang die Zweiundsechzigjährige mit dem Tod.

Abschied

Auf einer mit einem Schimmel bespannten Kutsche stand der von Blumen überquellende Sarg der Margarete Steiff. Eine riesige Menschenmenge folgte dem Wagen, vorbei an blühenden Wiesen und Bäumen. Es war ein langer Zug von schwarz gekleideten Herren mit Zylindern auf dem Kopf und Frauen, die sich mit Schirmen vor der Sonne schützten. Neben dem Weg liefen die Kinder der Arbeiterinnen.

Stadtpfarrer Siegle hielt auf dem Friedhof die Grabrede:

»In dem Herrn Jesu geliebte Trauerversammlung! Wir leben in einer Zeit, wo man der Meinung ist: Der alte Gott tut keine Wunder mehr. Und dabei hatten wir alle Tage unsere liebe Entschlafene vor unsern Augen als ein immer neues lebendiges Wunder. Oder ist's nicht ein Wunder, wenn so ein armes, schwaches, gebrechliches Menschenkind im späteren Leben tausend andere versorgt, tausend anderen durchhilft?

Die Heilige Schrift sagt: ›Was schwach ist vor der Welt, das hat Gott erwählt, dass er zu Schanden mache, was stark ist, auf dass sich kein Fleisch vor ihm rühme!‹ Und: ›Lass Dir an meiner Gnade genügen!‹ Ja, so war's auch bei ihr, die wir heute betrauern, in ihrem ganzen irdischen Lebenslauf ... Ja, sie hat es allerdings auch lernen müssen, sich genügen zu lassen an seiner Gnade! Wohl ist es auch ihr nicht leicht geworden. Denn sich dareinfinden, das ist das Allerschwerste, was es überhaupt für ein Menschenherz geben kann. Und ihr dürft mir's glauben, auch unsere liebe Entschlafene hat von solchen Kämpfen und Tränen gewusst. Aber gottlob! Der Herr hat ihr durchgeholfen, dass sie diese Kämpfe bestanden hat ...«

Pauline hatte die ganze Zeit über mit den Tränen gekämpft. Aber jetzt konnte sie den Strom nicht mehr zurückhalten. Wie recht der Herr Stadtpfarrer hatte! Über persönliche Dinge sprach man wenig in der Familie, aber dass Margarete furchtbare Kämpfe ausgestanden hatte, mit ihrem Schicksal immer wieder gehadert hatte, das war nicht zu übersehen gewesen.

Jetzt war sie, Pauline, die einzige Überlebende der Steiff-Geschwister. Marie war bei der Geburt ihres dritten Kindes gestorben, Fritz lange krank gewesen, und jetzt war auch Gretle fort, die doch vor wenigen Wochen noch gesund und munter gewesen war. Aber so konnte es gehen.

Gretle, die kleine Schwester, Mutters Sorgenkind, Vaters Liebling … Sie musste lächeln, wenn sie an die vielen Handarbeiten dachte, die sie für Margarete in Ordnung gebracht hatte, wie sie den Leiterwagen zur Schule hochwuchteten. Bemitleidet hatten die Geschwister das gelähmte Mädchen nie. Kinder nehmen die Dinge, wie sie sind.

Und als Erwachsene hatten sie nur staunen können. Die ganze Welt war durch die Maschinenzeit auf den Kopf gestellt worden. Auch Giengen. Und da hatte sich gezeigt, welche Kraft in diesem Persönchen steckte! Ein kräftiges Mundwerk hatte sie schon immer gehabt. Aber später: immer die Chefin, die alles im Kopf hatte und entschied. Jeder hatte das akzeptiert.

Doch das Leben ging weiter. Die jungen Leute würden nun die Firma führen. Hoffentlich so umsichtig wie ihre Tante. Die würde an allen Ecken und Enden fehlen. Es konnte einem schon angst werden, wenn man bedachte, dass nun niemand mehr da war, der auf jeden Fall das letzte Wort haben würde.

Die Menschenmenge hier … Es würden heute noch einige Reden gehalten werden, und jetzt musste sie die Gäste bewirten. Das gehörte sich so. Schluss jetzt, sie hatte keine Zeit, zu heulen und ihren Gedanken nachzuhängen. Sie musste sich um alles kümmern. Aufrecht hier stehen und die Beileidswünsche entgegennehmen. Die Gäste empfangen, mit den Leuten reden. Es gab Pflichten, denen man sich nicht entziehen konnte. Jawohl, das Leben ging weiter.

Herzlich danken möchte ich folgenden Personen

Herrn Wilfried Knöringer, für einen angenehmen Nachmittag mit vielen Geschichten aus dem Leben der Familie Hähnle, Informationen und Quellen, besonders für die Rechnung der Margarete Steiff für Lina Hähnle, die auf Seite 151 veröffentlicht ist;

Familie Ruoß in Giengen;

Herrn Friedhelm Steiff für das freundliche Interview;

Herrn Dr. Alexander Usler, Stadtarchivar in Giengen, für seine Hilfsbereitschaft beim Suchen von Material;

meinem Mann Manfred Halbe für die Korrekturen und sein Verständnis bei Recherchen und im Alltag überhaupt.

Hauptquelle beim Schreiben war für mich das Tagebuch der Margarete Steiff, das sie allerdings erst als Firmenchefin aus dem Rückblick verfasst hat.

Allen, die sich weiter mit Margarete Steiff beschäftigen wollen, sei das Buch von Wolfgang Heger: »Das Tor zur Kindheit – Die Welt der Margarete Steiff« (herausgegeben vom Arbeitskreis für Stadtgeschichte, Giengen a.d. Brenz, 1997) empfohlen, das neben vielen Bildern und weiterem Hintergrundmaterial auch viele Literaturhinweise enthält.

Ulrike Halbe-Bauer

Dorothee Dziewas

Die Gräfin und das Haus am Meer

Nach einer wahren Geschichte

176 Seiten, Taschenbuch
ISBN 978-3-7655-4255-8

Die junge, schöne Gräfin Schimmelmann genießt das elegante
Leben am Kaiserhof in Berlin. Sie liebt einen jungen Offizier.
Aber er möchte sie am liebsten in einen goldenen Käfig sper-
ren. Um Abstand zu gewinnen, reist die Gräfin ans Meer.
Auf Rügen erlebt sie die Not der Fischerfamilien. Tatkräftig
gründet sie auf der Insel ein Heim für sie. Ihre reiche Familie
ist damit jedoch überhaupt nicht einverstanden. Da lockt ihr
Bruder sie in eine Falle ...

BRUNNEN VERLAG GIESSEN
www.brunnen-verlag.de

Ursula Koch

Elisabeth von Thüringen

Die Kraft der Liebe

240 Seiten, Taschenbuch
ISBN 978-3-7655-4193-3

Die junge Landgräfin Elisabeth wird bei Hofe mit Argwohn beobachtet. Denn sie passt sich so gar nicht den Sitten und Gebräuchen des Adels an: Sie setzt sich für Arme und Schwache ein, sie verkauft ihre Kleider und ihren Schmuck, um Not zu lindern, sie pflegt Kranke ... Elisabeth wurde nur 24 Jahre alt, doch ihr Leben ist beispielhaft bis in die heutige Zeit.

BRUNNEN VERLAG GIESSEN
www.brunnen-verlag.de